調達品の品質確保

ありたい姿と現実のギャップを埋めるために

鱠谷佳和　著

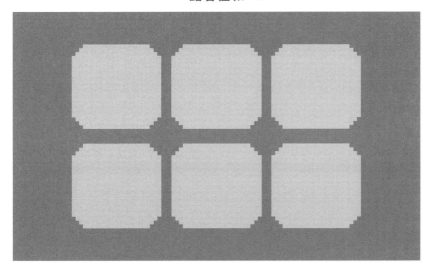

日科技連

まえがき

　本書は、製造業が「外部から調達する部品・材料の品質をどのように確保するか」という調達品の品質管理について解説するものである。

　本書の特徴は、調達管理の視点と品質管理の視点の両方に軸足を置いた点にある。そのため一般的な調達品の品質管理としては詳しすぎるぐらいに調達管理そのものについても触れている。品質管理を担当する人が、調達する部品・材料の品質保証を考えるときに、より調達の視点で検討することができ、仕入先への影響力という点で、効果を高められることを期待している。

　また、一方で、調達を担当する人が、陥りやすい、コストダウンや納期調整などの目立つ仕事や、向こうからやってくる仕事だけに注力して、本当にコストや納期に大きな影響を与えている「品質の確保」という視点を忘れがちになることを防ぐことにも役立つと期待している。

　あるべき姿を述べることはもちろん、「現実にはなかなかあるべき姿になりがたい部分」について、特に詳しく解説し、筆者の経験を交えて、解決のための視点をできるだけ多く述べたつもりである。

　さらに、このような専門分野の知識を高める一方で、本当に成果をあげるような仕事をするための、仕事を行う力、仕事への取組み姿勢というべきノウハウも、少しだけであるが「仕事のポイント」として挿入した。これは調達品の品質確保の領域を逸脱している。しかし、調達品の品質を確保していくという仕事を効果的に実践するためには、基本となる仕事力をつけなければならない、という思いからである。よってこの部分は、調達品の品質管理にかかわる仕事だけでなく、広く一般の仕事力そのものを高めるためのヒントとしても、参照していただきたい。

　本書は筆者自身の電子部品製造業での品質保証や調達における経験を通じて学んだことをベースにしている。そのため、電子・電気機器業界以外の業界で

働く人たちにとっては、抜けているところや関係のないところもあるかもしれない。しかし共通することも多いと思うし、たとえ違っていても、得られるヒントもかなりあるのでないかと思う。うまく自分の仕事に照らし合わせて考えながら精読していただけるとありがたい。

　筆者は一般財団法人日本科学技術連盟が主催する「品質管理ベーシックコース」の大阪会場での「購買・外注の品質管理」の講義を 2009 年から行っている。本書はこの講義内容をもとにして詳細部分を書き足して書籍化したものである。

　本書が少しでもみなさまの仕事の質向上に貢献できれば望外の喜びである。

2020 年 8 月

鱠谷 佳和

調達品の品質確保
ありたい姿と現実のギャップを埋めるために

目　次

装丁・本文デザイン＝さおとめの事務所

第1章

調達管理と調達品の品質管理

1.1 調達管理概略

1.1.1 調達管理の対象

調達(Procurement)という言葉と購買(Purchasing)という言葉がよく使われる。明確な定義はないが、一般に、調達は広く何らかの必要なものをどんな手段でもよいので入手するという意味で使われることが多い。

一方、購買は、必要なモノやサービスを、対価を支払って購入するという意味で使われることが多い。もちろん企業であるから何らかの入手は、すべて合法的手段であり対価を支払うことがほとんどである。

企業では、一般的に調達というと、仕入先調査・選定、契約というソーシング(Sourcing)領域から、発注・検収・支払いという定常業務である購買までを含めた大きな概念を対象としていることが多い。

本書の主題は調達品の品質確保であり、上記のような調達、ソーシング、購買などの言葉の厳密な使い分けをしていない。古くから品質管理の世界では、購入する部品・材料の品質管理活動を「購買品質管理」と呼ぶことが多かったため、そのまま購買品質管理という言葉も用いている。言葉はどうであれ、調達品の品質確保に必要な範囲の業務をすべて含むということで、考えていただきたい。

さて、自社が外部から調達するものには、以下のように多様なものがある。

自社が外部から調達するもの

① 自社が製造している製品の構成物であり、その製品の一部となるような部品・材料

② 自社の製品の一部にはならないが、製品製造の加工途中で直接的に必

要な部品・材料

（注：ここでいう直接的とは、製品には残らないが、加工中、製品、半製品に直接接触するという意味である。例えば製品や仕掛品の洗浄剤、工程内の製品を入れたり、運んだりする容器などである）

③　自社の製品の製造に必要な設備・冶具・工具類

④　机や椅子などの什器備品、事務用品など

⑤　建物、社用車、自転車、台車、フォークリフトなど

⑥　図書、電気、ガス、水道、郵便、輸送、各種出張用切符・宿泊、清掃、緑化など

⑦　広告宣伝、IR 活動用資料などの各種印刷など

⑧　人材派遣、請負業者、アウトソース（製造請負業者）、加工外注など

　通常企業ではこれらの外部から調達する総金額が売上げの 40 〜 70％程度にもなる。これだけの大きな金額を外部からの調達に使っているのである。そのため、調達する物品・サービスのコスト、納期、品質などの各種側面は自社の経営に大きな影響を与える。

　例えば、コストの点で見てみると、調達品の調達価格が 1％下がるだけで自社の利益率が 1％上がるのである。通常自社の利益率を 1％高めるために売上げを増やす場合は、10％も 20％も増やす必要がある。しかし調達品の値段の低下は、そのまま利益に直結し、経営に対して大きなインパクトを与えるのである。

　また調達される物品・サービスの納期が計画どおりである場合、自社の生産や業務も計画どおりに行える。これが必要な時期に部品が入らない、数量が不足するというような事態が発生すると、自社の製品が作れない、販売できない事態となり、これは経営に対して大きなインパクトを与える。

　品質においてもしかりである。特に自動車産業、機械産業、電子機器産業などのような組立て型産業では、自社製品の品質問題の多くが、外部から調達する部品・材料に起因して発生している。これらのことから、調達管理、さらには調達品の品質管理の重要性が認識できると思う。

　調達における管理事項は、上記の QCD（品質、コスト、納期・量）に留まら

ず、新たな技術・サービスの提案力のような、自社製品の競争力強化や間接生産性向上につながるような仕入先能力の活用もある。さらには近年強く社会から求められる、企業の社会的責任やBCPなどのリスク対応に関連した仕入先能力の管理も重要となってきている。

　以上のように調達管理の対象は広く、管理すべき視点も多岐にわたる。本書では、「調達品の品質を確保する」という目的のために行われる活動を中心に述べ、それに関連する調達管理にかかわる内容にも触れる。そのため、以下は主たる対象物品として、上記の①と②、自社製品の製造に使用する部品・材料を中心に述べる。他の調達品に対しては、読者がこれらの内容から類推して管理レベルを緩めるなどの工夫を考えていただきたい。

1.1.2　調達の組織
(1)　対象物品別分担組織の考え方
　調達活動を行う企業内の組織形態にはいろいろなものがある。すべての調達は、調達部門を通して行う組織にしている企業がある。一方で調達物や調達するサービスに応じて、異なった部門が調達する組織としている企業もある。例えば、前述「自社が外部から調達するもの」の①、②、③、④は調達部門担当だが、⑤、⑥、⑦は総務部門、⑧は人事部門、などのように分担する企業である。

　すべての調達を調達部門に集中する理由の主なものは次の二点である。

　一点目は、調達部門は、調達に関しての各種ノウハウ、例えば、市場調査・業界調査、同業他社との比較、価格交渉のやり方、契約などの専門家であり、どんなものであっても調達部門を通して調達することが有利であるということ。二点目は、その調達物・サービスを必要とする部門と実際に調達する部門を分離することで、不正の生じる可能性を下げるという目的である。

　一方調達物に応じて異なる部門が調達する方法をとるのは、調達部門がすべての調達対象物・サービスに対して専門知識をもつことは不可能であるため、その専門知識をもつ部署が調達も担当するのが効率的であるという理由からである。

　市場調査・業界調査、同業他社との比較というような部分は各責任部門のほうが専門性も高く、より有効な情報をもてる。また、価格交渉といった調達部

門の得意技は多少劣るとはいえ、各担当部門でももつことができる。不正防止については効率性をできるだけ落とさない範囲で別の形での担保を取ればよいという考えである。

　そして調達部門は、会社の本業である、自社の提供する商品・サービスの競争力に直接大きな影響を与える、部品・材料、設備などの調達品に集中することで、より競争力の高い調達ができると考えるからである。

(2)　責任者別分担組織の考え方

　「(1) 対象物品別分担組織の考え方」で述べた、調達部門がどのような物品・サービスを担当するかという分担とは別に、ある物品・サービスを担当することになったとしても、それを、全社1カ所にまとめて行うのか、事業部なり事業所ごとに行うのかという2通りの考え方がある。

　これは事業部制や事業所制をどこまで強くするかということによる。調達機能にかかわらず、基本的に事業に必要な機能はすべて事業部内に入れ込む組織がある。強い事業部制である。このような場合、事業部長の意思を調達部門にも強く反映することができる。したがって、事業責任者にとってはやりやすい組織である。しかし異なる事業部に共通する部品・材料の調達戦略や、異なる事業部と共通な仕入先についての事業部間の戦略調整には手間がかかってしまう。

　一方、調達部門を、事業部ごとには設けずに、全社組織として、どの事業部長からも独立した責任者が見る組織にすると、このような調整や最終的意思決定は比較的やりやすい。しかし日常の調達業務においては、事業部との連携を強く意識して運営する必要がある。そうしないと、事業部長の思いが調達業務に反映できなくなり、その結果事業部が調達部門を介さずに、仕入先と直接コンタクトすることが起こる。調達部門が知ったときにはすでに、仕入先、仕様、取引条件、さらには価格までおおよそ決めてしまっているようなことが起こる懸念がある。

　どのような組織にしても一長一短がある。組織の利点や欠点を理解したうえで、組織に配置できる人材とのにらめっこをしながら、利点を大きく活かし、欠点を補うための各種工夫を入れ込む仕組みを作り、運営を行うことが重要である。

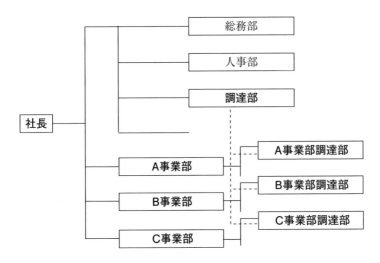

図 1.1　責任者別分担組織の例

　例えば事業部ごとの調達部門を設けている会社では、共通する部品・材料や共通する仕入先についての調達戦略を調整する全社委員会のような組織を作って事業部間の調整をしたりしている。その最終調整役として全社の調達責任者を置いている場合もある。もちろん「屋上屋を重ねる」的な存在にならないような注意が必要である（図 1.1）。

　一方全社で 1 つの調達組織としている企業では、その調達組織の内部では事業部ごとにグループを分けた組織にして、各事業部担当責任者を明確にして事業部との連携に弱みが出ないように工夫したりしている。

(3)　調達業務別分担組織の考え方

　ここまで 1.1.2 項で述べてきた会社組織に合わせた調達組織のあり方とは別に、調達する部品・材料ごとの「買い方」に応じた組織の職務分担についての考え方もある。調達業務を、ソーシング（仕入先選定、契約など）と購買（発注、納期管理、受入、支払い）に分ける。その両方を 1 つの部門で行うことを「集中調達」といい、複数の部門で行うことを「分散調達」という。

　「集中調達」の場合は、会社の複数の部署で使用する部品・材料を一部門が

まとめて調達活動することになる。

　一方、「分散調達」の場合は、会社の各部門が使用する部品・材料をその部門だけを担当する調達組織でそれぞれ調達することになる。「分散調達」においては、たとえ同じ部品・材料が別の工場や事業部でも使用されていたとしても、それぞれの調達組織が調達するということも起こり得る。

　通常、重要部品・材料で複数の部門が使用する場合は、「集中調達」するほうが自社としての調達戦略も実行しやすく、価格などの条件も有利となりやすい。そのため、調達を集中化しようとする。しかし、日々の発注や納期管理、検収などの購買業務は実際に納入される部品・材料を使用する工場の近くにあるそれぞれの調達部門で行うほうが、融通が利きやすいため、分散化される傾向がある。この2つの方向性の両立を、調達の機能を上記のようにソーシング（仕入先選定や契約など）と購買に分けて担当することによって実現しようという考え方がある。これを「集中契約分散購買」などと呼ぶ。

　もちろん「集中契約分散購買」の場合の日常の納期管理業務であっても、非常に納期がタイトになってきたような場合には、各部門の調達部門が取り合いをしてしまうので、集中契約部門がアロケーション（分配）の調整に入るようなことは例外的に発生するが、通常は契約機能と購買機能を分けて異なる調達部門が担当する。

　大きな会社では、同じ部品・材料を使う工場が複数ある場合がある。それも国内に限らず海外にも展開している場合もある。またその工場の生産計画を立てる部門が全社で1カ所であるなら、その生産計画に合わせた部品・材料調達部門も1カ所で問題ないが、各工場で生産計画を立てるのであれば、部品・材料の発注、納期管理などを行う「購買機能」はその工場と密接な連携を取る必要がある。そのため、「購買機能」を行う調達部門は各工場に分散させるほうが業務の質・スピードが高まる。一方「契約機能」についてはあくまで全社で窓口を一本化しないと、戦略の立案・実施も困難となるし、仕入先との交渉もうまく行かない。そのような理由で、「集中契約分散購買」という組織が大変合理的なことが多い。

　調達業務別分担組織の例を図1.2に示す。各事業所の調達課は、取り扱う部品・材料に応じて、役割が異なる。複数の事業所で同じ重要部品・材料を購入

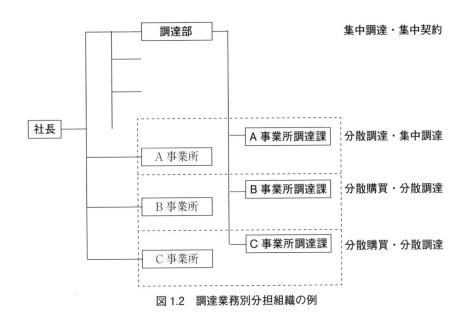

図1.2 調達業務別分担組織の例

する場合は、集中契約を本社調達部が行い、自事業所の調達課では分散購買を行う。しかし自事業所でしか使用しない部品・材料については、契約機能も含めた集中調達を行う。また他の事業所でも購入している同じものであっても、重要性が低い場合は、分散調達する場合もある。

　図1.2では、各事業所の調達課の組織を全社調達部の直下の組織としている一方で、物理的には各事業所と同じ場所に置いており、製造部門と密接なコミュニケーションをしやすい環境にするという組織の例をあげている。人事権でつながる心理的影響力と、コミュニケーションがよくなるという物理的影響力をうまく取り混ぜた組織の一例である。

1.1.3 調達戦略の基本
　調達活動における個々の仕入先と自社との関係を整理することは、調達戦略を決めていくための基本であり、大変重要である。その整理の仕方は各社で工夫されており、詳細の調達戦略となると、部品・材料別に相当な資料となることもある。ここでは、原則論的な考え方を述べる。

　部品・材料の仕入先について、自社と仕入先との関係性を整理する対象は、その重要性に応じて絞る必要がある。関係性の整理は、作業として相当大変だからである。ここでいう「重要」とは、品質確保の視点に限るものではなく、自社の調達活動にとっての重要性である。

　何が重要かは、調達部門が自社製品の戦略や競争力強化法をよく理解したうえで、関連部門、特に事業部門と意見交換して決める。そのため品質管理の視点からの重要性とは少し異なり、自社製品の品質に大きな影響を与えるような部品・材料であっても、購入金額が大変少なく調達部門の重点対象とならないような場合があり得る。

　逆に購入金額が大きく、自社製品のコストや安定生産などに大きな影響を与える部品・材料の場合は、調達部門にとっては大変重要であり、調達戦略をしっかり立てていく対象となるが、品質管理の視点では特に必要ない場合もあり得る。よって調達品の品質管理に携わる者は、このような点を考慮したうえで、調達部門の作成する調達戦略を理解し、必要に応じて調達戦略の修正や追加も提案していく必要があることを心得てほしい。

(1)　自社－仕入先関係性マトリクス

　調達戦略を考えていく基本になる考え方を、図1.3 に示す。これは自社と仕入先の関係性を整理したものであり、横軸に「自社にとっての仕入先の重要度」を目盛り、縦軸には「仕入先にとっての自社の重要度」を目盛った4象限のマトリクスである。

　ここでいう重要度とは、各社でいろいろな要素を考慮して決めるべきであるが、単純化していうと「切り替えの困難度」といえるだろう。横軸の「自社にとっての仕入先の重要度」の場合は、自社がある仕入先Aと取引きをしているとき、その仕入先Aをやめて仕入先Bに切り替えるということが、どの程度の困難さを伴うのかということである。

　例えば仕入先Aの材料から仕入先Bの材料に切り替えようとすると、自社の製品品質に大きな影響を及ぼす恐れがあり、切り替えには大変大きな評価パワーがかかるとともに、大きなリスクがあるようなケースでは、品質という視点で見て、A社は自社にとって大変重要度が高いということになる。

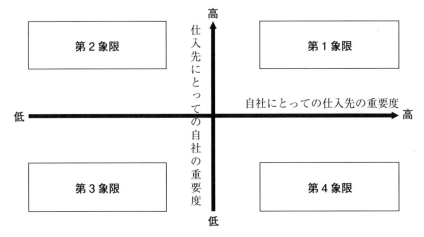

図1.3　自社－仕入先関係性マトリクス

　一方品質的には切り替えがさほど難しくない場合でも、仕入先Aは圧倒的な生産能力をもっていて、自社が要求する量を供給できるが、仕入先Bではそのような量が供給できないということであれば、量的な面で、仕入先Aは自社にとって重要度の高い仕入先となる。

　さらに仕入先Aと自社との会社対会社の関係性において、切り替えが困難というようなケースもあり得る。

　例えば、ある特定の部品（イ）について、仕入先Aから仕入先Bに切り替えが簡単にできるが、仕入先Aからは他の部品（ロ）も調達しており、その切り替えが大変難しい場合には、（イ）を切り替えることによって、仕入先Aとの関係性がまずくなり、（ロ）の調達へ悪影響を与えてしまうかもしれないという懸念があり、（イ）も切り替えにくいというような状況もあり得る。このようなケースも仕入先Aの重要度が高いということになる。

　もちろん、供給量に心配がある、リードタイムが長い、コストが高いなどの課題は、仕入先の努力、自社の支援などで大きく改善する余地がある。よって切り替えの難易度でいうと、自社製品の品質に大きな影響を与えるために切り替えが難しいという難易度よりも低いかもしれない。

　一方、縦軸の仕入先にとっての自社の重要度は、仕入先にとっての顧客であ

る自社を失った場合の影響の大きさと言い換えてもよい。

　例えばある仕入先は、自社向けの販売額が大きく、それなりの利益を上げているような場合、自社は仕入先にとって重要度が高いといえる。また、たとえ現時点で販売額が小さく、利益も上がっていないとしても、その仕入先が注力している商品であって、顧客である自社が高い成長を期待できる会社であり、将来大きな取引きになる可能性を感じさせるのであれば、仕入先にとって自社は重要である。

　逆にたくさんの顧客をもっている仕入先の場合は、もし自社が厳しい品質要求をする一方で、厳しく値下げを要求し、その上、大した量も購入しないなら、そんな顧客とは取引きしたくないと考えるだろう。自社が仕入先にとってそのような顧客だとすると、自社の重要度は低いということになる。仕入先が製造する製品の工程が遊んでいて、固定費回収のためには作らないよりは作ったほうがましというような状況でない限り、そんな顧客には売りたくないだろう。

　以上のように、自社が、仕入先の顧客および潜在顧客の中で、どのような位置にいるかということを客観的に分析しておく必要がある。このような分析を、定量的に行うことは困難である。そのため、ある程度感覚的に行わざるを得ない（もちろんこの重要度を、縦軸は仕入先の自社向け占有率、横軸を自社の特定仕入先の占有率のような定量的な形としてマトリクスにすることもできる。しかしそのようにすると、上述したような真の意味での重要度が隠れてしまう場合も多いのであまりお勧めできない）。

(2)　仕入先との4つの関係

　個々の仕入先を図1.3の各象限に、調達金額に応じた大きさの円などで表示して位置づけしていくと、どの位置にどの仕入先が入るかがわかる。縦軸横軸とも定性的な面は否めないが、結構自社と仕入先の関係を大まかに見るには大変便利な図である。図1.4はこの「自社－仕入先関係性マトリクス」の実際例を示している。

　図1.4は、以上述べたように重要仕入先全般に対して書いてみることもできるし、対象範囲を絞って、個別の重要部品・材料というカテゴリーごとに書いてみることもできる。重要仕入先全般に対して書いてみる場合は、部品・材料

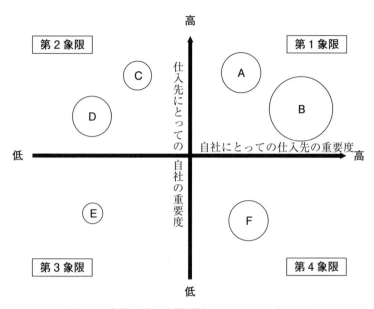

図 1.4　自社−仕入先関係性マトリクスの実際例

のカテゴリー別に色分けしてみることで、個別の仕入先と自社との関係だけで
なく、自社にとってのその部品・材料の調達環境(業界と自社との関係)のよう
なものも見えてくる。

　例えば、ある部品については、ほとんどの仕入先が第 2 象限に入るとする
と、それはコモディティ化が進んだ商品であるということがいえるし、第 4 象
限に入るとすると、それは寡占的な業界といえる。

　個別の部品・材料のカテゴリーに絞って書いてみると、そのカテゴリーの仕
入先ごとの自社との関係性の違いが見えてくる。例えば「プリント基板という
部品のカテゴリーであれば、超多層基板や、超細線の基板のカスタム仕様品を
供給してくれている仕入先は第 1 象限や第 4 象限に入ることが多いだろうが、
単純な単層の基板であれば、第 2 象限に入る仕入先が多くなる」などである。

　図 1.3 や図 1.4 に示すマトリクスでは、各象限での性格の特徴がある。その
特徴を図 1.5 に示した。

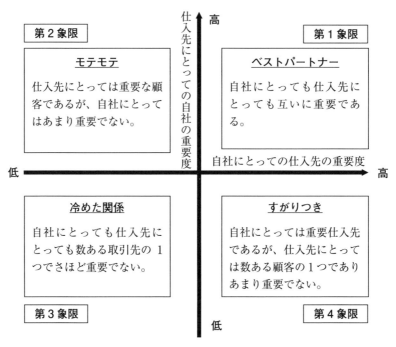

図1.5　マトリクスにおける各象限の性格

①　第1象限「ベストパートナー」

　第1象限は自社にとっての仕入先の重要度も大変高く、仕入先にとっての自社の重要度も高い領域である。「ベストパートナー」と呼んでよい関係である。

②　第2象限「モテモテ」

　第2象限は、自社が仕入先から重要な顧客と見なされていて、仕入先は自社と取引きを強く望んでいるが、自社にとっては、自社の都合に合う別の仕入先を選んだり、変更したりしやすい領域である。ある意味「モテモテ」という関係である。

③　第3象限「冷めた関係」

　第3象限は、自社にとっても多くの仕入先があり、個々の仕入先は特に重要ということもない。また、仕入先にとっても、自社が特別な顧客ではなく、たくさんある顧客の1つであり、さほど重要視しているわけではないような領域

である。ある意味、どうでもよい、特に問題のない、「冷めた関係」とでもいえるかもしれない。

④　第4象限「すがりつき」

第4象限は第2象限のまったく逆である。自社にとっては、ある特定の仕入先がなくてはならないもので、他からは買えないというような場合や、たとえ別の仕入先があるとしても、そこから買おうとすると、設計見直しや条件出しなどの変更に大変な労力が必要で、実際上切り替えが大変困難である。一方で仕入先にとっては自社が重要な顧客ではなく、「いやなら買わなくていいよ」という気持ちをもっているような領域である。ここは、まさに「すがりつき」の関係である。

⑤　第1象限「ベストパートナー」は理想的な関係

第1象限「ベストパートナー」にある仕入先とは、重要なパートナーであるから、自社もあらゆる機能で仕入先とコミュニケーションをとり、ともに市場を取っていくという姿勢での協力関係が重要である。いわゆる「Win-Winの関係」である。自社の戦略と仕入先の戦略を合致させ、共同で取り組むことによって強さが増し、市場での競争に勝つチャンスが増大するような関係が見いだせる。

このような場合は、通常互いにかなりの機密情報まで含めて情報共有し、長期戦略をもって、技術、品質、コストなどあらゆる面で共闘していく取組みが行われる。自社と仕入先がともに運命共同体であるから、本音で議論して進めていくことができる関係である。

⑥　自社の都合で進めやすい第2象限「モテモテ」

第2象限「モテモテ」では、自社が自社の都合に合う、よりよい仕入先を選んだり、変更したりしやすい。この領域では、自社の要求をそれぞれの仕入先に伝えて、それに最もよく対応できる仕入先を選ぶのがよい。もちろん、仕入先を一社に絞ってしまうと、安定調達に対してのリスクが高まるし、競争が働きにくいため有利な調達ができなくなる。そのため、通常2〜4社程度を選定して、自社の要求への対応度合いに応じてシェアを振るなどをして、仕入先どうしで競争させる戦略をとることが多い。

⑦　お互いに手間をかけたくない第 3 象限「冷めた関係」

　第 3 象限「冷めた関係」は、自社として必要な物・サービスとして購入するし、仕入先ももちろん販売してくれるが、自社にとっても仕入先にとっても、大きな間接費用をかけてでも、もっと有利に調達したい、もっとたくさん買ってほしいなどの思いをもつような理由が特にない。

　どちらかというとできるだけ簡単に便利に調達したい、手間をかけたくないという領域である。多くの企業での事務用品の調達のようなものが典型的な例である。この領域は、調達の間接費用を極力低減していく Web 調達などの中心分野である。

⑧　辛抱強く付き合いたい第 4 象限「すがりつき」

　第 4 象限「すがりつき」は、自社にとって大変つらい状況である。自社商品の業界でのシェアが低く成長性も期待できないような状態にある一方で、仕入先の方が大きな企業であったり、他社向けで大きなシェアをもっているような企業であったりする場合である。また業界として、購入側に同業がたくさんいる一方で、仕入先が寡占化されているような場合はこのような領域になる。

　いずれにせよ、この領域はやむを得ない状況であるので、辛抱強く付き合ってゆくしかない。その辛抱の中で、自社でその部品を内作するのか、代替部品・材料を採用できるようにするのか、他の仕入先を育成するのか、といった方策を取っていく必要がある。

(3)　Win-Win の関係をめざせ

①　複合的な関係

　以上調達戦略の基本の考え方という形で各種調達品の異なる立場を述べたが、現実には自社が調達している部品・材料は 1 品種ではないし、仕入先が販売している製品も 1 品種ではない。互いにたくさんのものを取引きすることが多い。その中には、あるものは第 1 象限の領域だけれど、あるものは第 2 象限である場合や、あるものは第 2 象限だが、あるものは第 4 象限であるというようなことが起こる。また自社のある事業部の調達品は第 1 象限の関係であるが、別の事業部での調達品は、第 2 象限という場合もある。

　このようになってくると、単純に調達品ごとの調達戦略ではなく、会社対会

社としての調達戦略を考えた付き合いをする必要が出てくる。事業部間の調整も含めて、全社として何を重視するのか、それによって単品で見ていたときとは異なる戦略が必要になってくることも多い。製品ごと、事業部ごと、そしてそれらを総合して全社として、どのような戦略をとるか、調達部門がリードして事業部や経営層と調整して方針を明確にして、関係者間でそれを共有して実践することが大変重要となってくる。

②　仕入先と購入者のあるべき関係

　なお余談になるが、自社と仕入先の関係を示すマトリクスにおいて、どこをめざすべきかという私見を述べたい。

　一般的に買う側は、有利な調達をしたいため、できるだけ第2象限になるような努力をする。一方売る側は、できるだけ有利な販売をしたいため、できるだけ第4象限になるような努力をする。これは短期的には大変よい手段であり、より有利な調達や、より有利な販売ができる。よって利益も高くすることができる。しかし行き過ぎると長期的に見た場合には、Lose-Lose の関係になるのではないかと個人的には思っている。

　例えば、第2象限の「モテモテ」の状態は、自社(購入者)にとって望ましいことではあるが、この領域ではどうしても仕入先が弱く、顧客の要求を、無理を承知で聞かざるを得なくなる。その結果、どんどん利益を圧迫することになりがちである。

　そのため、できるだけ新たな顧客を開拓して他にも販売しようとするだろう。そして新たな顧客がより有利な条件で購入してくれるなら、そちらに力を入れるようになる。そしてその仕入先はもう自社には販売する気がなくなっているということになるかもしれない。

　また、仕入先が他の顧客を見つけられず、利益を出せる見込みがつかない場合は、いつの日か事業撤退したり、その事業を他の同業に売却したりする可能性が高まる。もちろん「モテモテ」であるから、自社は他の仕入先から買えばいいだけである。何の問題もない。

　しかしこれが続いていくと、多くの仕入先が同様の状態になり、自社が気づく頃には、仕入先が淘汰されていて自社の要求を受け入れてくれる仕入先がなくなっているような状況に変化していることがある。気づいたときにはすでに

遅く、あわてて値上げを認めたり、自社から金を出してでも、仕入先の設備更新を支援したりというようなことで何とかその部品・材料を確保しないといけないことが起こり得る。つまり、第2象限と思っていたのに実は第4象限に変わってしまっていたということになる。

　逆に、第4象限の「すがりつき」の状態であると、自社はできるだけそのような状態から抜け出すために必死で、別の仕入先を育成しようとしたり、自社内で生産したりしようとするだろう。新しい仕入先がうまくいけば、その新しい仕入先と「ベストパートナー」として関係を構築するだろう。それらがうまくいかなければ、自社の製品が市場で競争力を失い、最終的には事業撤退ということになるだろう。

　それでも仕入先としてみれば他に買ってくれる顧客がたくさんあるのだから気にすることはない。1つぐらい顧客がなくなったって問題ない。しかし長期的には、そのような関係を続けていると、どんどん顧客が弱り、顧客同士が厳しい競争をして、どんどん市場から撤退していく。または顧客同士が提携関係を作ってより強い調達力をもとうという動きをとる。結果長期的には相当強い力をもった顧客だけが残ることになり、第4象限が維持できなくなる。

　したがって、長期的には第2象限の関係や第4象限の関係は第1象限へ集約していくのではないか、そして第1象限の関係と第3象限の関係のみが長続きするのではないかと個人的には思っている。その長期的という長期がどの程度長期であるかにもよるが、ビジネスは長期で行うのが通常であるから、あまり有利調達と言って、第2象限の関係を強力に推し進めたり、有利販売と言って、第4象限の立場に固執したりするのは、長期的には墓穴を掘ることになる。

　もちろん競争環境の中で大変厳しいチャレンジを企業はしていくのであるから、その厳しさに競争力をもってついてくる仕入先でないといけないことはいうまでもない。しかし常に互いに得になる、Win-Win を考えながら戦略を立てる必要があるのではないか。

　部品・材料によっては、そのものの差別化が困難になってきて、相当数の仕入先が類似商品を生産・供給することができるようになってくる。これはその商品がコモディティ化したということである。こうなるとどうしても第2象限に行かざるを得ない。そうするとこの余談の最初の話にあったように、有利購

買ができるのだが、いずれ仕入先が弱り、仕入先の数が減り、気がついたら第4象限となっていて、自社が痛い目に合うことになる。調達部門は常に、個別の部品・材料で、業界がどのような状態にあるかを分析して、先手を打っていく必要がある。

③　仕入先ごとの特徴を把握せよ

　以上のように、調達戦略を考えるうえでの基本的な考え方は、自社と仕入先の関係の整理であった。これを、より具体的な調達政策にするにあたって次に検討すべきことは、個別の仕入先の特徴の整理である。個別の仕入先ごとに、企業規模、管理能力、技術力、人材、企業風土などの各種視点から判断して、取組みの方法を変える必要がある。

　経営管理能力が高く、人材もそろっているような仕入先に対しては、相手がその気にさえなってくれれば、任せておいてもよい。一方能力が低い仕入先であれば、自社が入り込んで、支援し、フォローすることなどが必要である。これは手間のかかる仕入先であり、もしそこが第2象限であるなら、真っ先に取引きをやめていく仕入先候補になり得る。

　これらは品質だけでなく、コストダウン、リードタイム、新製品対応、各種要求対応など、自社として仕入先に要求するあらゆる項目に対して同様なことがいえる。このような要素を考慮してより具体的な調達戦略と個別仕入先ごとの調達政策を明確にし、事業部門、経営層と共有し、全社的に実行していくことが重要である。

1.2　調達品品質管理の概略

1.2.1　調達品品質管理の対象

　調達管理は自社にとって大変重要な機能であるが、自社製品の品質保証という視点から見ると、調達品のすべてが自社製品の品質に大きな影響を与える訳ではない。

　一般的に 1.1.1 項で述べた「自社が外部から調達するもの」の内、①や②の「部品・材料」は品質管理の重要管理対象として外せないだろう。また③の「設備・冶具・工具類」も重要である。

⑧の「人材派遣、請負業者、アウトソース（製造請負業者）、加工外注など」は物品ではないが、重要な管理対象である。

①、②については物品そのものとその物品を作り出している製造元（仕入先）が管理対象である。

⑧については、物品は自社の製品であり、自社の品質管理の直接の対象となる一方で、製造を請け負う会社自体は、調達品の品質管理の管理対象となる。最終的には一点一点の部品・材料ごとに、品質保証の観点から、自社の製品品質やサービス品質にどのような影響を与えるのかをよく考えて、品質管理の対象とすべきかどうかの判断をしておく必要がある。

さらにその対象の中でも、重要度を考え、管理レベルを柔軟に変えていくことが実務上大切である。自社製品の品質に大きな影響を与える可能性が高く、万一部品・材料に品質不具合があると、大変な損害が生じる可能性の高い場合は、最高レベルの品質保証ができていなければならない。

例えば、自社でスマホを生産している場合に、部品となる液晶画面はスマホの品質に大きな影響を与える。逆に、例えば、製品の梱包を行う段ボール箱のような場合では、部品・材料の不具合が、自社製品にそれほど大きな問題を生じないかもしれない。このような考え方で、調達品の品質管理の管理レベルを使い分けしていくことになる。

一方、調達品の品質管理の方法をより具体化するためには、上記のような個別の部品・材料の自社製品品質へ与える重要度以外に、別途、個別の仕入先の状況や自社との関係性について整理し、それに基づいて考えていく必要がある。これは1.1.3項「調達戦略の基本」で述べたことと同じである。

調達戦略やもっと細かな仕入先ごとの調達政策などは、調達部門を中心としてまとめられるが、これを技術部門、生産管理部門、製造部門、品質保証部門などの関係部門と共有しておき、調達品の品質管理としての具体的方法が決められる。

ただし多くの場合はそこにかけられるリソースの関係から、とてもすべてを対象に検討することは不可能である。ある程度重要な部品・材料を最初から絞って、その対象部品・材料およびそれを供給している仕入先を限定して検討し、他は一般的な管理とするのがよい。

1.2.2 調達品品質管理の組織
(1) 調達品の品質管理組織の考え方
　「調達品の品質管理を担当する部門をどのような組織にするのがよいか」「どのような業務分担にするのが適切か」は、自社の品質保証機能を受けもつ組織の考え方と調達機能を受けもつ組織の考え方を適切に調整して割り付ける必要がある。

　1.1.2 項「調達の組織」で述べたように、自社として調達部門が１つに集中しており、品質保証機能も１つに集中している場合は、調達品の品質管理を担当する部門も１つにまとめるのがよい。しかし品質保証機能が事業部ごとに設置されているような場合には、個別の課題が事業部ごとに出てくる。それらの品質保証部門からのニーズをまとめ、代表して対応するような調達品の品質管理を担当する組織を置く方が動きやすい場合もある。

　一方事業部ごとに調達部門が存在するなら、調達品の品質管理部門もその事業部ごとにあるのでよい。もちろんどのような組織にした場合でも、メリット・デメリットがある。メリットを生かしながら、極力デメリットを埋め合わせするような運用上の工夫をしていくことが組織づくりの基本であることに変わりはない。

　例えば、集中契約分散購買のような場合は、集中契約を行っている部署が核となって、分散購買している事業所の品質管理担当部門と協力して運営していく。

　日々の調達品に対する品質管理業務はそれぞれの分散された品質管理部門で行うのでよいが、仕入先監査である場合や、仕入先の評価・格付けなど、会社対会社の対応をするような場合は、分散購買を行っている事業所の品質管理部門の代表などを選定して対応することも必要になる。

(2) 商社を通して購入する場合について
　なお、本書では一貫して、仕入先とは、「調達する部品・材料の生産を行っている会社」という前提で話を進めている。しかし世間の一般的な考え方や調達部門の人にとっては、仕入先とは、調達品を納入してくれて、自社がその支払いをする対象の会社という認識がある。そのため、仕入先というと、商社や代理店になってしまうことが多い。もちろんそこを一次仕入先として、製造会

社を二次仕入先と呼んでも問題はない。いずれにせよ、品質管理の対象仕入先は、調達品を設計・製造している会社である。

とはいうものの、商社や代理店経由の場合と、設計・製造をしている会社との直接取引（直取）とでは、調達活動そのものも微妙に異なることもある。また、調達品の品質管理活動でも少しであるが異なるところもある。それは商社をどのように巻き込むか、活用するかということである。

一般的に調達部門が商社を通して購入するのにはいろいろ理由がある。製造会社の方針として、販売を直接行わずすべて商社や代理店経由にしているような場合は商社や代理店経由でしか購入できない。また直取もできるが、直取をするほどの購入量がない場合には、製造会社と自社との交渉の結果代理店経由や商社経由になる場合もある。

いずれの場合であっても、品質管理という視点では、その商社が品質に対しての理解をどの程度しており、どこまでの仲介としての動きができる組織や担当者をもっているかに依存して大きく変えざるを得ない。

商社内に非常にしっかりした品質保証責任者がおり、製造業者と自社の間に立って、迅速かつ的確に動いてくれるのであれば、そこをあらゆる面で活用するのがよい。

しかし十分な体制がない商社も多い。そのような場合は、商社にも情報を入れるけれど、品質管理の具体的な情報の共有や議論は、自社と製造業者が直接行う必要がある。そして商社は、打ち合わせ会議の設定、通訳、決定事項の実施の進捗確認、などの事務的なことと、自社要求をいかにきちんと製造業者に理解させるかのレバレッジ役として動いてもらえるようにするのが重要である。

(3)　代理店を通して購入する場合

なお、商社ではなく、代理店の場合は、商社ほど製造業者に対しての影響力をもち合わせていないことも多い（そもそも自社が製造業者に対して影響力が弱いから、直取はもちろん、商社を通じた取引きも難しく、代理店取引となっていることも多い）。このような場合は、品質要求に関してもなかなかこちらの要求が素直に通ることは少なく、苦労することは必定である。

まさに1.1.3項、図1.5(p.12)の「すがりつき」という状態になりやすく、そ

れに応じた対応をしていく必要がある。

1.2.3　調達品品質管理の基本
(1)　調達品の品質管理の基本姿勢を定める
　調達品の品質管理は、コストダウン活動や納期改善活動と同様、調達戦略で述べた考え方と歩調を合わせた対応となる。

　第1象限に入る仕入先では、互いに重要パートナーと認識しているのであるから、品質についても本音の議論をしっかりして、品質を維持・向上する取組みができる。

　一方第2象限では、仕入先同士の競争関係を利用して、品質の維持・改善に関する要求についても強く打ち出し、それにしっかり対応できる仕入先のシェアを上げ、対応できない仕入先のシェアを下げていくような対応をとることで改善が進むことが多い。第3象限はそもそも品質保証という視点で重要な仕入先はないであろう。第4象限では、自社は、仕入先に、まともには相手にしてもらえない。品質に関しての要求を一応はするけれど、本気で取り合ってもらえる保証はない。自社としては自己防衛的な手段を強化するしかない。長期的には、自社で内作するか、他社を育成して類似品を作らせるような対応をしていかねばならない。

　このような大きな視点での調達品の品質管理の基本姿勢を定めたうえで、調達戦略の実践における具体的方法と同様、品質管理の具体的な方法も、各仕入先の企業規模や管理能力、企業体質、人材、経営者の考え方などを考慮して、考えていく。

(2)　調達品品質管理へのアプローチ
①　「ともに成長する」第1象限「ベストパートナー」
　第1象限の仕入先と自社との関係は、Win-Winの関係であり、自社の戦略と整合させて、それを実行していくためには、厳しい要求も含めてしっかりと実行していけばよいことは述べた。

　その中でも、仕入先の経営管理能力が高い場合には、品質保証についても自社から必要な事項を要求し、仕入先が自律的に考え行動してそれを満たすべく

品質保証をしていってもらうやり方が中心となる。

　しかし仕入先の経営管理能力が低かったり、人材が不足していたりする場合は、自社が要求するだけではとても実現できないことも多い。したがって、自社が仕入先の現場や経営層にまで入り込んで品質保証を指導したり支援したりする必要がある。

　第1象限にいる仕入先とは「ともに成長する」「ともに努力して一緒に市場を取っていく」という関係である。したがって、仕入先の経営管理能力の高い低いによって、自社の入り込み方が違うが、基本的な要求すべきことは同じようになってくる。

②　仕入先に改善を求める第2象限「モテモテ」

　第2象限の領域にいる仕入先については、自社の必要とする品質要求をし、それができない仕入先は取引きをやめていき、対応できる仕入先に切り替えるという方法が中心となる。

　もちろんこの象限にいる仕入先であっても、切り替えのコストはそれなりにかかる。できれば既存仕入先が改善できるように進めるのが第一である。そのため通常は、改善の進まない仕入先に対してはシェアを落とす。一方、改善の進んでいる仕入先にはシェアを上げるような「飴と鞭」的な方法をとることとなる。

　このようにシェアを振ることで仕入先のやる気度合いも大きく影響を受ける。品質管理の責任者はしっかり調達部門と連携を取って業務を進める必要がある。

　ただし、業界によっては、競合する仕入先がいても、どこも似たり寄ったりで、あまり管理能力の高くない仕入先ばかりが競争しているような場合もある。このような場合は、仕入先どうしの競争関係を利用するとしても、自社のある程度の入り込み、指導、支援が必要になってくる。

③　内作、他の仕入先の育成を見据える第4象限「すがりつき」

　第4象限では、自社が品質について厳しい要求をすると、「売ってくれない」「値段を上げる」などの反応となって帰ってくることが通常である。また品質問題が発生しても対応がよくないということが起こりやすい。

　このような仕入先から重要な部品・材料を購入している場合でも、するべき

要求はしなければならない。また、仕入先の管理能力によっては、何らかの指導・支援を行うこともあり得る。しかし仕入先の経営管理能力とは関係なく、第4象限の領域にある仕入先は自社の要求や要望を聞いてくれないことが多い。まずは自己防衛としての受入検査などを厳しくしたり、場合によっては自社内で追加工や選別をしたりするなどを行い、自社工程での問題や製品を出荷してからの問題を防止することに力を入れることが大切である。

　そして長期的には何度も言っているように、内作する、他の仕入先を育成するなどということを行い、そのような仕入先との取引きを止めていく必要がある。もちろん第4象限の領域に属する仕入先であるので、切り替えは大変な困難を要することにはなるが。

　以上調達品の品質管理を進めるにあたっては、調達戦略と絡めて、調達部門と品質保証部門が一緒になって検討し、必要に応じて、仕入先別、事業部別、製品別などの調達品の品質管理政策を立て実行していくことが大切である。詳細は次章から述べるが調達品の品質確保にかかわる管理体系の概略を図1.6に示しておく。

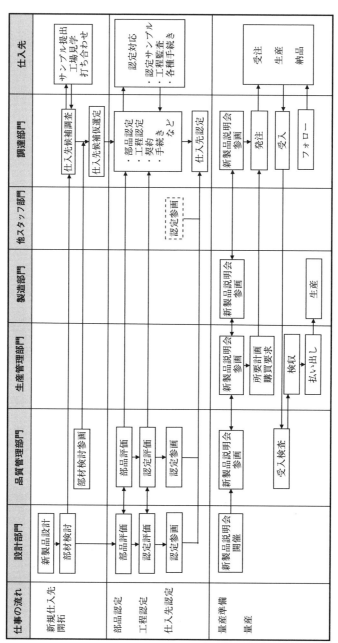

図 1.6　調達品の品質確保にかかわる管理体系 (1/2)

仕事の流れ	設計部門	品質管理部門	生産管理部門	製造部門	他スタッフ部門	調達部門	仕入先
新規仕入先開拓	新製品設計／部材検討	部材検討参画				仕入先候補調査／仕入先候補仮選定	サンプル提出／工場見学／打ち合わせ
部品認定／工程認定／仕入先認定	部品評価／認定評価／認定参画	部品評価／認定評価／認定参画			認定参画	・部品認定・工程認定・契約手続きなど／仕入先認定	認定対応・認定サンプル検査・工程監査・各種手続き
量産準備	新製品説明会開催	新製品説明会参画／受入検査	新製品説明会参画／所要計画購買要求／検収／払い出し	新製品説明会参画／生産		新製品説明会参画／発注／受入／フォロー	受注／生産／納品
量産							

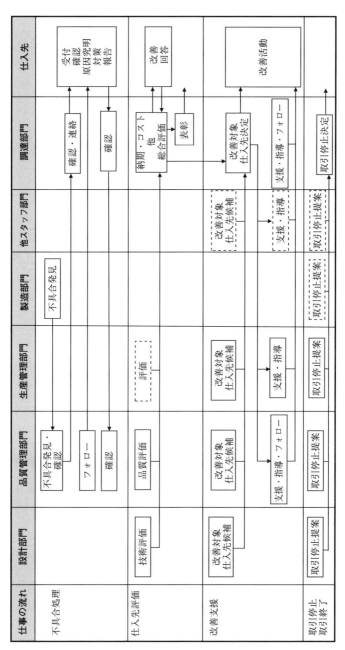

図 1.6 調達品の品質確保にかかわる管理体系 (2/2)

仕事の流れ	設計部門	品質管理部門	生産管理部門	製造部門	他スタッフ部門	調達部門	仕入先
不具合処理		不具合発見・確認 フォロー 確認		不具合発見		確認・連絡 確認	受付 確認 原因究明 対策 報告
仕入先評価	技術評価	品質評価	評価			納期・コスト他 総合評価 表彰	改善 回答
改善支援	改善対象 仕入先候補 支援・指導・フォロー	改善対象 仕入先候補 支援・指導・フォロー	改善対象 仕入先候補 支援・指導		改善対象 仕入先候補 支援・指導	改善対象 仕入先決定 支援・指導・フォロー	改善活動
取引停止 取引終了	取引停止提案	取引停止提案	取引停止提案	取引停止提案	取引停止提案	取引停止決定	

■■■■■■■■■　コラム　■■■■■■■■

仕事のポイント1　「期待されている仕事とは？　役割とは？」

　本書を読まれているみなさんの多くは、今仕事をされていると思います。あなたのしている「仕事」とは何でしょうか？

　筆者は、仕事とは2つの部分から成り立っていると思っています。1つは作業、もう1つは改善です。これは筆者が独自に考えたことではなく、確かトヨタ自動車さんの中で言われているというように聞いたものです。筆者は「なるほどそうだな」と感心しました。それ以来若い人たちにはこの話をよくします。

●仕事＝作業＋改善

　通常会社に入ると、最初に先輩や上司から、「これをしてください」「こんなやり方でしてください」と、やるべきこととそのやり方を教えられます。だんだんそのやり方に慣れて、それを一人でできるようになっていきます。これはまさに仕事の中の「作業」の部分ができるようになったということです。

　作業は、決められたことを決められた手順で行うことです。これを間違いなく円滑に進められるようになると、作業に習熟したということになります。決められた手順がきちんと文書になっていないため、「先輩が教えてくれたとおりにする」「昔からやっていたとおりにやる」場合であっても同じことです。

　しかしこれだけでは作業はしているけれど、仕事をしていることになりません。

　仕事にはもう1つの要素である、「作業を改善する」という部分が必要です。「今やっていることは、目的とするものを達成するために本当に必要なものなのか？」「やり方は最も適切なのか？」という視点で作業を見直していくことが「改善」となります。この改善には品質をよくする、スピードを速くする、もっと楽にできるようにするなどいろいろな側面での改善があります。場合によっては「その作業そのものをやめてしまう」も、それで目的が達成できるなら、非常に立派な改善です。

　いずれにせよ、作業に慣れてきたら、今度はその作業を改善することが重要な仕事になってきます。改善はもちろん変更を伴います。したがって、きちんと関係者や上司の了解も取って、慎重に行う必要があります。「どんな関係者

と調整しないといけないか？」「どのようなレベルの変更なら上司の許可を得る必要があるのか？」など判断としては難しい部分も結構あります。

　はじめは改善のアイデアが出るたびに、上司に相談して進めるとよいでしょう。でも慣れてきて、上司の判断基準も理解できるようになってきたら、小さな改善は自らの判断でできるようになってくるのが理想です。

　自分で判断ができる、もっと大きな改善ができるためには、仕事の大きな目的を理解しておくことが重要です（これについては、「仕事のポイント2：好奇心をもつこと」を参考にしてください）。

　さてこのように仕事は、「作業」と「改善」の両方をしていくこととなります。

　でも、そのような仕事をしているだけでは、あなたが会社にいる役割を果たしているとは思いません。「えっ。仕事をしているのに役割を果たしていないって？」と不思議に思われるかもしれません。

●自分の仕事の範囲を越える

　みなさんは自分の「会社における役割」とは何だと認識されているでしょうか？　もちろん第一の役割はみなさんが与えられた仕事、指示された仕事をすることです。しかしみなさんにはもう1つ役割があります。

　多くのみなさんは「自分の仕事」と、「○○さんの仕事」という意識があると思います。または「自分の仕事」と「自分の仕事ではない」という意識もときどきもたれることがあるかもしれません。別にこのこと自体は悪いことではありません。自分の仕事をしっかりやり遂げることが、第1だからです。

　しかししばらく働いてきて自分の仕事に慣れてくると、今度は自分が今やっていない領域についても関心をもってほしいのです。あの人はあのような作業をしているのか……。この人はこんな改善をしているのだな……。とだんだん状況を理解して、そのうえで、「このようにしたほうがもっと楽じゃないの？」「あんなことはやめて、こんなことをしたほうがいいのでは？」と人の仕事に対しても改善意識をもってほしいのです。

　囲碁などで「岡目八目」という言葉があります。仕事をしている本人があまり気づいていない部分が、客観的な立場にある人のほうがよく見えるということはときどきあります。他人の仕事であれ、気づいたところは改善の提案をす

ることが大事です。これは自分の仕事ではないと言えばそのとおりですが、会社で働くすべての人に期待されている役割です。

　特に理解していただきたいのは、みなさんが行っている仕事は独立しては存在していないということです。何らかの全体の大きな仕事の中のある一部分を切り出して、特定の部門や個人の仕事とはしていますが、本来は大きな仕事を切り出ているに過ぎません。ですから、みなさんがやっている仕事は、他の人がやっている仕事といろいろなところで関係し合っています。

　会社で働く人の役割は、自分の今の仕事の範囲をしっかりやり遂げることだけではなく、それ以外の領域に関してでも気がついたらどんどん改善を進めるような動きを取るということなのです。もちろんその仕事を現在している別の人がいるわけですから、その関係者を無視して進めてはいけません。しかし別の人の仕事だから何も言わないのでは、組織で働く人としての役割を果たしていないということなのです。

　ですから、逆に言われたほうは、言われたほうで、「自分の仕事にいちいち口出しするな。うるさい」というような態度ではなく、しっかりと提案内容を理解したうえで、その内容が納得できるものなら素直に「ありがとう」といって受け入れる。提案内容に問題があると思うなら、その理由をしっかり提案してくれた人に話をして、そんな問題点も含めてさらに提案してもらえるとありがたいと対応する態度が重要です。

　自分の仕事はしっかり果たす一方で、自分の仕事はこの範囲というような自分で自分の枠を作ってしまわないことです。そんな枠を超えて、互いに領空侵犯し合う。もちろん相手の気持ちを考えたうえです。その自由な議論が、会社を強くしますし、職場を楽しくします。それができる職場は、より大きな単位での仕事の進化が起こります。このようなことが早いスピードでたくさん発生する企業が競争力をもつのです。

第2章

仕入先選定と契約

2.1　仕入先開拓

2.1.1　仕入先開拓の進め方

⑴　新規仕入先開拓の目的

　新規仕入先開拓といっても、いろいろな目的がある。

　例えば、すでに取引きしている部品・材料と同じものを、コストダウンするために、既存仕入先とは別の仕入先を探す場合がある。これは第１章で述べた、自社と仕入先との関係性マトリクス(図1.5)において、第２象限(モテモテ)の関係を作ろうという目的となる。

　もちろん同じように、すでに取引きしている部品・材料と同じものを供給できる別の仕入先を探す目的は、コストダウンだけではない。１社からの調達だと万が一その仕入先が品質問題を起こしたり納期問題を起こしたりした場合や、何らかの災害などで、供給がストップしたり遅延したりするリスクを減らすという安定調達目的のためもある。

　またある部品・材料の既存仕入先が、第４象限(すがりつき)にいるような場合は、コスト、品質、安定供給などのいろいろな視点でも、新たな仕入先を見つける必要がある。

　いずれの場合でも、このようなケースでは、対象となる部品・材料はすでに取引実績があるため、その業界の他の仕入先情報や、その部品・材料を生産することができる近い業界の仕入先情報を把握できているはずである。そういった仕入先へのアプローチを始めるということになる。

　ただし、第４象限(すがりつき)にあるような場合は、そのような活動自体も、仕入先に知られると、意地悪をされることもあるので、秘密裏に行う必要がある。

　一方、現在取引きをしている仕入先ではまったく取り扱っていないような、新しい部品・材料を入手する必要性があるような場合には、まったく新しい仕入先を探すということもある。

(2)　インターネットでの新規仕入先検索とその注意点

　新しく取引きする可能性のある仕入先を見つけてくるのは、上記のいずれの場合でも、現在ではインターネットで検索するのが一番手っ取り早い。ちょっと調べるとすぐにいろいろな仕入先候補が見つかる。多くの会社で、技術者や調達担当者がこのようにして新しい仕入先を探している。

　しかしネットに掲載されている情報は、そのまま信じるわけにはいかない。その会社が宣伝したい内容を実際以上によく見せている場合がある。また、逆にその会社のもつ真の実力がネット上ではわからず過少評価してしまうこともある。

　現実に、ある会社のホームページには、こんな部品の製造ができる、こんな設計技術があるなどの、よいことが書かれていても、実際にサンプルとして何かを注文してみると、思っていたより技術レベルが低い、納期対応が悪い、というケースもある。

　逆に、同業などにその会社の技術レベルやノウハウが知られることを恐れて、本当に大事な情報はホームページには掲載していない場合もある。インターネットで調べる限りでは自社の要求を満足できそうもないと思えたのに、現実にはすごい実力がある仕入先だったというケースもある。

　そのため、インターネットでは、仕入先の可能性がある候補は少し多い目にあげておき、そこから電話なりメールをしてより詳しい話を聞く。可能なら実際に作っている部品や材料を見せてもらう、サンプルをもらって評価させてもらう、工程見学させてもらうなどのいろいろな手段をとって、インターネットで得た情報の真偽を確認することや、インターネットだけでは得られなかった情報を得ることに努め、仕入先候補を絞っていく必要がある。

(3)　効率よく情報収集できる見本市や展示会

　その点、見本市、展示会のような場では、効率よく情報収集できる。見本市

や展示会では、実際にサンプルを直接見ることができ、担当者と具体的な話をすることもできる。そのため、得られる情報は圧倒的に多い。うまくすれば本音の話も聞ける可能性もある。機会をできるだけ作って見本市、展示会に参加するのが望ましい。

　特に何らかの具体的な部品・材料を探している場合でなくても、常に機会あるごとに「どのような仕入先があるのか」「どのような技術変化があるのか」などの情報は、調達部門の人は把握しておく必要があるからである。

　また商社やすでに付き合いのある仕入先から、「他の会社の話を聞く」「紹介をしてもらう」なども大変有効な方法である。ただし紹介してくれる人が、「本当に自社にとってよいという視点から紹介してくれているか」「ひょっとしてその商社や仕入先のメリットになるような視点からの紹介になっていないか」という点については注意が必要である。

2.1.2　開発購買

　仕入先候補を絞り込むための基本的な確認事項や、品質に関連する具体的確認事項については次の 2.2 節で述べる。ここでは仕入先候補の絞り込みのための各種作業に入る前に社内関係部門で共有化し調整しておくべき重要なことを述べたい。

(1)　問題を生む設計部門のみでの部品・材料仕様決定

　多くの企業では、新しい製品の開発・設計を技術部門が行うときに、技術者が独自に、言い換えれば、勝手に、「こんな部品がほしい、こんな材料があったらいいな」という思いで「調達部門に何の相談もなく、自分でネットを使って調査する」「勝手に商社に頼んで仕入先候補を見つけてもらう」などして、そこからサンプルを取り寄せ、評価を進めてしまうことがある。

　これは実は後になって大きな問題を起こすことが多い。問題の 1 つ目は、その技術者が、ほしいと思っている部品・材料についての業界、製法などについて、専門知識を十分もち合わせていない場合が多いことである。

　大企業なら、1 つの新商品の設計時には、金属部品の設計の専門家、電気部品の専門家など、それぞれの専門技術、業界に詳しい技術者がいて、全体設計

を考える技術者は、それらの専門技術者に相談しながら進めることができる場合もあるだろう。しかし中小企業や、たとえ大企業でも小さな事業部、新規の事業部のために自分たちだけで設計を進めているような場合には、ある部品・材料をほしいと思ってもその専門技術をもち合わせていないことが多い。そのような場合、かなり的外れなスペックを要求してしまう恐れがある。

　例えば金属加工品などで、曲げ角度をもう少し緩くすればもっと作りやすい部品ができるのに、製法を知らないために、自分の設計する商品の特性を出すためだけのことを考えたスペックを仕入先に対して求めてしまうようなことである。

　技術者はどうしても自分が設計している商品の特性を出すことを最優先して部品・材料の選定、仕様決めをする。そのため、それ以外の要素の考慮が少なくなってしまいがちである。その結果、仕入先にとっては大変作りにくいものになり、コストが高くなったり、品質が不安定になったり、さらには納期問題を起こしやすくなったりするなどの、量産になった時点で潜在的問題を多く含むような部品を選定してしまうことが起り得る。

　品質管理の世界では「品質の90％は設計で決まる」というような言われ方をすることがある。90％かどうかは別として、量産品質がどの程度安定しているかということの多くの部分を設計時点で決めてしまっているということは理解いただけると思う。

　したがって、技術者がどのような設計をするかは、品質管理においても非常に重要である。もちろんコストも設計でほとんど決まるし、納期問題の起こりやすさということも設計で決まることも多い。製品設計・工程設計を設計技術者だけに任せていては大変なことになりかねないのである。

(2)　問題を生む設計部門のみでの仕入先決定

　問題の2つ目は、技術者は、自社の現在量産している商品に使われている多くの仕入先や、現在および近い将来に各種の協力関係を築いていこうとしている仕入先、さらには過去に何らかの問題があって、付き合い方を再考しているような仕入先など、の情報をあまりもち合わせていないことである。そのため自社として大きな視点での仕入先に対しての政策的判断を加えることができない。

　例えば、A社もB社もほぼ類似の能力をもった仕入先で、技術者が求める
ものを作れる場合に、A社のほうが少し安いという理由で、技術者が勝手に
A社で評価を進めてしまうことがある。実は自社としては、他の部品や材料
ではB社と大変重要な関係を構築しているために、新たにA社と付き合うよ
り、B社で新品番の部品として追加したほうがはるかに管理コストも下がり、
安心して付き合えるようなケースがこれにあたる。

　1つ目の問題でも2つ目の問題でも、すでに技術者が、自らが勝手に選んだ
仕入先で、商品開発を進めてしまっていると、あとで変更することになっても
大変な手間と時間がかかることになってしまう。結果として技術者が選んだ仕
入先で量産も走ることになり、後々になって、コストダウンできない、品質問
題が多発する、納期遅延を起こす、仕入先がなかなかいうことを聞いてくれな
い……などのような問題が起こることが多くなる。

　このように設計段階で、量産段階での品質、コスト、納期などの重要な要素
のほとんどを決めてしまうことになる。これでは、量産になってからの改善で
はとても大きな効果が期待できない。したがって、この段階での調達部門の入
り込み、品質保証部門の入り込みといった、関係部門の連携を強めた新製品開
発をすることが大変重要である。

(3)　関係部門の連携を強めた開発購買活動

　このような関係部門の連携を強めた新製品開発を、調達機能の視点から捉え
た言葉に、「開発購買」がある。技術者が、新製品を開発・設計するときに、
できるだけ構想段階のような早い段階で、調達部門が入り込み、部品や材料の
規格(スペック)やコストについて相談しながら進めるのである。この開発購買
によって、上記の2つの問題発生の可能性は大きく低減できる。

　もちろんこのような開発購買の活動は、商品開発・設計の技術者と調達部門
だけのメンバーで事足りる場合も多い。しかし「そもそもその部品・材料を外
部から調達することがよいのか？」「内作したほうがよいのではないか？」と
いうような、重要な会社としての判断が必要な場合もある。開発や調達の責任
者がそれなりに気づき、必要な人を巻き込んでの意思決定をするような仕掛け
がうまくできているかということも重要である。

　一方で、そのような会社の戦略上の重要な決定でなくても、「開発段階で開発部門と調達部門だけで進めていてよいのか？」「他の部門を巻き込む必要がないのか？」という判断も重要である。

　設計で品質のかなりの部分が決まることを考慮すると、品質保証部門も早期から開発段階に入り込み、一緒に活動することが重要である。その新規部品・材料の品質保証が、自社製品の品質に大きな影響を受けるような場合は、なおさらこの活動は品質管理部門にとっても重要である。

　また、「自社開発製品が品質に大変厳しい要求のある市場向けの商品である」「自社にとってまったく新しい領域の商品である」「新たな製造委託会社で委託加工するような案件である」などのように、品質保証を通常以上に意識して進めなければならない新商品の場合には、この開発購買活動の段階から品質保証部門も入り込むことがより重要になる。

(4)　新製品開発段階での品質管理

　これらの活動は、品質保証の機能からすると、新商品開発や設計の品質保証のプロセスとして規定化されている会社も多いであろう。例えば設計審査を、新設計の構想段階から始めるようなプロセスをもっている会社も多い。そのような活動としてルール化されて実施できていることが重要である。

　設計審査や新製品開発段階における品質保証は、本書の範囲外であるため、ここでは述べない。他の文献や日本品質管理学会が発行している『新製品・新サービスの開発管理の指針』などを参照されたい。

　調達品の品質管理の視点からいうと、大切なのは「なぜそのような部品・材料を使わないといけないのか？」「ほかのやり方はないのか？」「なぜその部品はそのようなスペックでないといけないのか？　違うスペックではだめなのか？」「なぜその仕入先から購入するのか？　ほかの仕入先はダメなのか？」のような視点をもつことである。

　新規部品・材料選定のプロセスでは開発購買活動のメンバーとして、品質保証部門も早期から技術者や調達部門と情報を共有化して進めるのが将来の品質問題を削減する重要ポイントとなる。そしてこのような品質作り込みを早期にすることは同時に、コストダウンや納期問題削減にもつながることが多いこと

も述べておきたい。

2.2　仕入先候補の分析

　新規に仕入先候補を絞り込むにあたって、仕入先の基本的な実力を確認しなければならない。これには少なくとも次のようなポイントがある。

仕入先の実力確認ポイント

① 経営の安定度合い

② 経営者の考え方・価値観

③ 購入予定部品・材料の仕入先にとっての位置づけ

④ 仕入先にとっての自社の位置づけ

⑤ 品質管理力

⑥ コスト競争力

⑦ 納期対応力・生産能力

⑧ その他社会的責任対応

⑨ 対応力

⑩ 技術開発力

　とはいうものの、まだ取引きにつながるかどうかがわかっていない段階では、仕入先も「いろいろ調べるだけ調べてノウハウを盗まれて結局商売にはならない？」などといった懸念をもたれ、なかなか深い事実確認ができないことも多い。そのような中であってもできる範囲で確認しておく必要がある。

　前述「仕入先の実力確認ポイント」の①〜⑩の各項目を確認する必要性とその具体的方法を 2.2.1 項から 2.2.10 項で解説する。

2.2.1　経営の安定度合い

　「①経営の安定度合い」を確認する理由は、その仕入先がすぐに倒産するようでは、安定的に購入できないので、そのような心配がないかどうかを調べることである。

　株式を上場しているような会社であれば、財務諸表が公開されているので、過去の財務諸表を分析するなり、各種信用格付け会社の調査レポートを取り寄せて参考とすることでも行える。

　財務諸表が公開されていない場合は、その会社を訪問したときに、会社説明をよく聞いて、売上げの大きさ、伸び方、歴史、取引きのある会社などの情報など、聞き出せる情報から推定することとなる。

2.2.2　経営者の考え方、価値観

　「②経営者の考え方、価値観」は、特に仕入先が中小企業の場合、重要となる。

　仕入先が大企業の場合は、その社長と面談するということは困難であるし、必要ないことも多く、その事業の責任者なり場所責任者で十分であることが多い。しかし中小企業の場合は、社長と直接面談する機会をぜひもつべきである。そして社長の考え方、事業への取組み姿勢をしっかり聞かせていただくべきである。どんな基本方針なり目標をもって経営しているか、どのようなことを重要視しているか。それらがその会社の基本的な姿勢を見るうえにおいて重要である。社長の性格が会社の性格となって出てくるものである。

　さらにはその社長が言っていることが、部下や製造現場に周知され、実践されているかどうかをしっかり確認することはもっと重要である。いくら社長が「安全第一」を謳っていても、現場で不安全行動がたくさんあったりすると、その会社の仕事のルーズさが見えるし、社長は口だけの人であるかもしれないことが見えてくる。

　また社長以外のキーマンが誰なのか、単なるイエスマンばかりになっていないか、自律的に考え動けている人々がいる会社なのか、そのような部分を見きわめることも重要である。

　これは仕入先の品質管理レベルの高さや、問題発生時の動きの良さとも強く関連するので、調達品の品質管理に携わる人もこのような視点での見る目を養ってほしい。

　訪問したときの会議の場だけではなかなかそこまで見きわめることは難しいが、もしその仕入先と今後取引きをしていくことになった場合には、後々情報

を補ってだんだんわかるように努めるのがよい。

2.2.3　購入予定部品・材料の仕入先にとっての位置づけ

「③購入予定部品・材料の仕入先にとっての位置づけ」は、自社が購入しようと考えている部品・材料が、その仕入先の方針や経営戦略にとってどのような位置づけにあるかである。

「その仕入先にとっての重点拡大商品である」あるいは、「主力商品である」場合は問題ないが、「実はあまり力を入れたくない商品」であったり、「儲かっていない商品」であったりする場合は、その商品や事業から撤退する可能性があるので、要注意である。いくら経営的に安定している仕入先であっても、ある日突然、その部品・材料の生産を撤退するというような申し出があるかもしれないからである。そのような位置づけになっていないかを確認することが大切である。

もちろんこのような情報はこの時点では正直には答えが得られないことも多い。本当にやめるつもりがこの時点であるなら、そもそも訪問を受け付けなかっただろう。多くの仕入先は適当に、「頑張ります」のような前向きな回答をすることが多いが、本当に頑張れそうなのかどうかを推定するのが重要となる。

そのためには、「対象部品・材料が、その仕入先の売上げの中でどれぐらいの割合を占めるのか」「利益の中でどれぐらいの割合を占めるのか」「業界の中でのその仕入先のシェアはどれぐらいなのか」「その部品・材料の市場での成長性はどの程度のモノなのか」「その仕入先はどの程度その部品・材料に対して投資しているのか」「どんな人をその商品担当に充てているのか」などをあらかじめ調査したり、仕入先に聞き取りしたりすることが必要である。

2.2.4　仕入先にとっての自社の位置づけ

「④仕入先にとっての自社の位置づけ」については、仕入先と自社の関係性を決める重要な判断ポイントである。第1章の「自社−仕入先関係性マトリクス」で述べた「ベストパートナー」「モテモテ」「すがりつき」の内、どの象限に位置づけられるようになるのかを見きわめる重要情報である。

自社の業界での位置づけや、自社がどんな戦略をもっていて、今後どのよう

に成長していくのか、それをどの程度相手の仕入先が知っているのか、知らせるのか。仕入先にとって、自社がビジネスをするうえで大変魅力的な顧客と見てくれそうなのかどうかという部分を評価する必要がある。普通に聞いても、「もちろん貴社は重要な潜在的お客様です」というように答えることが多いだろう。しかし周辺情報から考えて本当にそうかどうかを判断する必要がある。

　すでにその仕入先が業界で圧倒的なシェアをもっていて、大きな顧客とも取引きをしているような場合、自社がその仕入先にとって何かしらの魅力がないと、真剣な対応は期待できない。

　「自社が今後大きく成長する可能性があるか」「この部品で取引きを始められたら、別の部品の取引きにも拡大できる可能性があるか」「仕入先にとって魅力を感じさせることのできる立ち位置に自社がいるのか」などを見きわめるべきである。そのような位置に自社がいない場合は、当面、第4象限の「すがりつき」の関係での取引きになるからである。

　こうなると品質保証を実践していくにあたっても大変な苦労をするのが目に見えている。ぜひ早い段階でこのようなことを見抜き、早い段階から別の仕入先候補を探す活動を、技術や調達部門が率先して進めてゆく必要がある。そのような場合には、その仕入先と競合関係にある仕入先で、2番手、3番手であるが、「これから拡大して頑張ろう」「顧客を増やしたい」と強く思っている仕入先と組んだほうが事業としては成功する可能性が上がることもあるので、よく考慮したうえでの判断が必要である。

2.2.5　品質管理力

　「⑤品質管理力」は本書の主テーマである。品質管理体制がどの程度できているかは、ISO 9001 の認定をとっているかどうか、などで判断するしかない。まだ取引きを行うことが決定もしていない初期の訪問段階では、とても詳しく現場を見せてもらうことはできないし、まして各種の詳しい質問をしても嫌がられるのが落ちである。そのため、単なる工程見学程度の現場確認で、どれだけのことを確認できるかということになる。

　普通は、「②経営者の考え方・価値観」で述べたように、経営者や事業トップの思想が現場でどれだけ徹底されているか、そして現場の整理整頓、在庫の

多少、設備の稼働状況、作業者の動き、製品などの取扱い、運搬状態、各種掲示物、不良品や廃棄品の分類や量、廊下、食堂、トイレなどの清掃状況、ルール順守状況といったものを見ながら、各種質問を行い、その回答などから判断することになる。これで「問題あり」というような印象をもつ仕入先の場合は、相当問題かもしれない。

2.3.4 項「工程認定」で後述するが、これらのほとんどは、管理的要素であり、技術的要素は、まだ取引きを始めるかどうかもわからない段階での訪問では、ほとんど見ることができない。初期段階の訪問では、品質管理の実力把握はこの程度で「よし」とするしかない。

2.2.6 コスト競争力

「⑥コスト競争力」は確認が難しい。もちろん調達する人は「他社と相見積もりをする」「コストテーブルなどに基づいて自社でコスト試算をしてみる」などして、ある程度のコスト見積もりをしたうえで、仕入先の提案価格を評価している。

しかし、どれだけさらなるコストダウン余地があるのかは、製品の構造や材料の詳細分析や工程の詳細の確認によって判断するしかない。これらは第3章で述べる部品認定や工程認定と大きく関係する。

本書では、主として品質管理の視点からの話を中心としているので、コストの視点にはあまり触れないが、このコストダウンの余地をしっかり確認するためには、部品認定時の評価や、工程認定時の工程監査に、IE や生産技術、材料技術に詳しい人も加わってもらってチェックすることも有効である。

このような人なら、設備の稼働状況や、回転数、設備台数、工程での不良発生状況、手直し、在庫量、作業の無駄などを見ることで、ある程度推定できることもある。

2.2.7 納期対応力・生産能力

「⑦納期対応力・生産能力」も重要である。「リードタイムがどの程度であるか」「全体の生産能力はいくらか」「自社の要求する納期や必要数量」「要求のアップダウンの振れ幅」「スピード」などに対して、どの程度対応可能かの見

きわめが必要である。

　これも仕入先が回答する話を本当に信用してよいのかどうか、いずれ取引きするとわかることではあるが、事前にしっかり確認するためには、⑥と同じように、それなりの知識経験をもった人も仕入先現場の確認をするのが望ましい。

2.2.8　その他社会的責任対応

　「⑧その他社会的責任対応」には、規制物質管理などを含む環境管理、安全衛生管理、情報管理、コンプライアンスなど多岐にわたる。ISO 14000 などの各種公的な認定を取得しているかどうか程度の確認でよい。

　ただし自社が特別に何らかの要求を行っているような場合は、それらへの対応能力があるかどうかの確認も必要である。

　また BCP 対応については、どの程度重視するかによるが、初期段階では、「同じ対象とする部品・材料を生産できる場所が複数個所あるか」「完成品在庫と製造工場が異なる場所にあるか」などの確認程度でよいだろう。

2.2.9　対応力

　「⑨対応力」を見るのは、「問題発生時にどの程度のスピードでどれだけしっかりと動けるか」という潜在能力を確認したいからである。しかし、これは事前にその能力を評価するのは難しい。

　それでも各種質疑応答をする中で、仕入先で対応してくれるいろいろな人の能力や性格を見きわめて、誰がどの分野でのキーマンなのかを確認しておくことぐらいはしておきたい。仕入先が組織上指名する人が、個人の能力的にも、組織の中での立ち回りにおいても、弱そうであると感じる場合は、いざというときに連絡をつけようというようなキーになる別の人材を、一人二人目星をつけておくことも重要である。

2.2.10　技術開発力

　自社がその仕入先から特定の、現在生産している部品・材料しか購入しないのであれば、「⑩技術開発力」は評価する必要はないかもしれない。

　しかし通常仕入先との付き合いは、長期にわたり、一度何かのビジネスが始

まると、「次にはこんな部品がほしい」「このようなカスタマイズをしてほしい」などの新たな部品・材料の開発、設計要求を仕入先に対してすることがある。このような自社の要求に対して答えられる技術的能力がどの程度あるのかを評価しておきたい。これについては、「その仕入先にどのような技術者がいるのか」「どれぐらいの件数の新規設計を毎月行っているのか」「どのレベルのものまで開発設計しているのか」などの質問をして情報を得るといいだろう。また、その会社のホールなどに展示している主力商品などを見て推定する場合もある。もちろんその仕入先訪問までにすでに自社向けのサンプルでのカスタム対応をしてもらっているなら、そこまでの対応実績は大いに仕入先の技術開発力の高さの判断材料となる。

2.2.11　仕入先の他の顧客にも注目を

　以上、10の「仕入先の実力確認ポイント」とその具体的な確認方法の例をあげた。これらすべてのことが一気に確認できるケースは少ないかもしれないが、わかる範囲で確認し、新規仕入先としての選定作業が進むにつれて、さらなる追加情報を加えていって最終判断するという形にもっていきたい。

　なお、このように自社で仕入先とコンタクトを取り、独自に判断してゆくという方法以外に、もっと簡単に判断できる方法がある。それは、その仕入先がすでにどんな顧客と取引きをしているかを聞くことである。業界でも有名な厳しい顧客とすでにビジネスをしているとすると、上記のような確認項目の多くはクリアできている可能性が高い。もちろんこの場合でも、その顧客の業界と自社の業界が違っている場合は、要求レベルもかなり異なることも多いので、安心はできない。

　例えば、すでに大手化学メーカーに材料を供給している仕入先であれば、おそらくその大手化学メーカーからは厳しい品質要求を受けているはずである。そしてそれに対応できているのであろうから、ある程度安心できる。しかし、製薬用途にその化学品を用いる場合には、品質要求が化学業界とはかなり異なるはずである。そのような業界ごとの常識の違いのようなものも潜んでいる可能性がある。

　つまり、その仕入先がどのようなしっかりした顧客と取引きをしていたとし

ても、「③購入しようとしている部品・材料の仕入先にとっての位置づけ」「④仕入先にとっての自社の位置づけ」「⑨対応力」は違っていることが十分あり得るので注意が必要である。

　ここで1つ注意していただきたいのは、仕入先に、すでに取引きをしている主要顧客の名前を聞いても、守秘事項のため教えてくれない場合も多いということである。また、たとえ教えてくれても、本当でない場合もある。

　例えば過去に一度だけサンプルを出しただけの顧客を、まるで今もたくさん取引きをしているような答え方をする場合もあるので、注意が必要である。そのような場合には、もし可能なら、名前が出てきた顧客に、「この会社と取引きしていますか？　どんな会社ですか？」と確認できるような関係があるなら確認するとよい。

　なお、新規部品・材料を購入する場合でも、新規仕入先からではなく、既存の仕入先から購入する場合は、「仕入先の実力確認ポイント」は大幅に削減することができる。

2.3　仕入先の新規認定

2.3.1　新規認定とは

　仕入先からある新規の部品・材料を正式に購入決定しようとするときには、当然その部品・材料の特性が自社の求めるものと合致することを、確認しなければならない。基本的な部品・材料の特性評価は、通常仕入先候補絞り込み段階や新規部品・材料評価段階でほぼできている。さらには2.1節「仕入先開拓」で述べたように、開発購買活動や新製品品質保証活動のような仕組みがある。その中で段階を踏みながら詳しい部品・材料の評価を進めてきている場合は、本章で述べることはすでにその過程の中で実行されているかもしれない。

　しかしそのような活動がなく、設計者だけで新規部品・材料を選定しているような場合は、その評価は、初期的な特性評価、自社が設計した製品の特性がうまく出るかどうかという評価しか行っていないことも多い。せいぜい信頼性評価を少し行っている程度である。また仕入先が新規の場合には、2.2節「仕入先候補の分析」で述べたような確認をおおよそ行ったとしても、詳細はまだ

まだ不十分なことが多い。

　よって、この仕入先から、この部品・材料を新規に購入するという最終意思決定をする段階になると、もっと詳細の個別評価をして、企業内のしかるべき責任権限の下で意思決定する必要がある。これが新規認定である。

　新規認定には、少なくとも以下の3つがある。

新規認定

① 仕入先認定……新規の仕入先そのものを認定すること
② 部品・材料認定……新規購入する部品・材料を認定すること
③ 工程認定……その部品・材料を量産する仕入先の生産工程を認定すること

　もちろん既存の取引きのある仕入先からの新規部品・材料の購入の場合は、1つ目の仕入先そのものの認定（新仕入先認定）は不要であるが、2つ目、3つ目の認定は必要となる。

　1つ目の「仕入先認定」は、その仕入先を今後自社の取引対象の仕入先として登録してよいかどうかの最終判断をすることである。したがって、品質管理の視点というよりも、調達の視点での判断、会社対会社の付き合いとしての総合的判断が重要となる。

　2つ目の「部品・材料認定」は、購入する予定の新規部品・材料そのものの認定である。通常その部品・材料の初期特性、信頼性性能はもちろん、そのような確認だけではわからない量産段階で起こり得る可能性がある品質リスクを洗い出し、そのリスクに対して事前に改善できることをしておく活動である。その意味で品質管理としても大変重要な技術的視点での認定活動となる。

　3つ目の「工程認定」は、部品・材料認定と連携して、対象部品・材料を量産する工程そのものの認定である。安定した品質を作り出すことのできる工程であるかどうかを判断する認定であり、品質管理の中心となる活動である。

　以上、仕入先認定、部品・材料認定、工程認定の3つは、いずれも「今後量産段階に入って、継続的に品質問題がないか」「自社の望むような製品がその仕入先から供給され続けるか」ということを明らかにすることが目的である。

　したがって、設計で「たまたま入手した部品・材料の評価」「初期訪問段階で見せてもらった工程の評価」ではなく、その部品・材料の今後の継続した納入を想定しての潜在的なリスクを中心にした評価をすることが大切である。

2.3.2　仕入先認定

　新規仕入先の認定は 2.2 節「仕入先候補の分析」で述べた「仕入先の実力確認ポイント」の各種項目のそれぞれに重みづけを行い、詳細調査のうえで評価する。最終的には、調達責任者・事業責任者などの意思決定によって判断を行う。このとき、どうしても自社の基準から判断して合格とすることができない一部項目などについては、何らかの改善を進めることを条件にする場合もある。

　ただし、新規仕入先候補の調査段階とは違って、この新規仕入先認定段階になると、「⑤品質管理力」などの項目は、単に ISO 9001 の認定を取得しているかどうかというような確認だけでなく、もう少し自社の視点でも QMS（Quality Management System）面の評価をしておく必要がある。

　ISO 9001 を取っていない会社は、ISO 9001 などのレベルをはるかに超えた高い QMS を実践している会社か、ISO 9001 すら取れない、取ろうともしていない会社かのどちらかである（多くの会社は後者である）。また ISO 9001 を取っている会社にもいろいろなレベルがある。そのため、自社としてのその仕入先の QMS の実力をしっかり評価しておくことは、仕入先認定において重要である。どのような視点を見るべきかについては 4.2.1 項「品質保証体制の整備」を参照されたい。

　通常この仕入先認定のための QMS 監査は、品質管理のベテランや、調達部門の品質保証専門家などによって行われ、しかるべき社内の手続きを経て判断されることとなる。

　なお、近年企業の社会的責任がますます重視されるようになってきたため、「⑧社会的責任対応」の部分のウエイトが重くなってきている。そのため、仕入先認定のための監査としては、上記の品質管理能力を判断する監査だけでなく、仕入先の社会的責任を判断する監査を別途行うことも増えてきている。この詳細は 5.2 節「企業の各種責任」で述べる。

　「⑧社会的責任対応」などの監査を行うには、それなりに専門的な背景理解

や知識も必要である。また、監査につきものの、仕入先からどのように実態を聞き出すか、といった監査そのものの業務能力と経験を要するので、ある程度の訓練を経た人材が担当するのがよい。

　仕入先認定では、以上のような監査による詳細確認以外に、事務的な課題も多く出てくる。例えば、2.4 節に出てくる「契約書の締結」ができているか、支払い条件に合意できているか、EDI 取引ができるかなどのような、各社固有の要求事項である。このような項目もパスして初めて認定となる。なお、EDI(Electric Data Interchange)とは、企業間での受発注、納入などの情報処理を、伝票などを用いず電子データの交換によって行うことである。

　もちろん以上述べた各種認定条件は、規模が大きくない仕入先の場合にはかなり厳しいものになることもある。自社としてどこまでは許容するのか、どのレベルまで高めるような要求をするのか、その場合の支援をするのかなどの意思決定も含めて、最終的な認定判断を下すこととなる。

　新規仕入先から新規の部品・材料を購入し始める場合には、「仕入先の実力確認ポイント」のすべての確認項目を評価して認定を行うこととなる。しかし既存の取引きのある仕入先から新規の部品・材料を購入するような場合は、その仕入先の経営、管理レベルなどが大きく変わらないと想定できるので、いくつかの項目は省略したり、簡素化したりすることができる。

　品質管理体制に関しても、量産するサイトが異なるのであれば確認は必要であるが、その仕入先の全サイトで共通して行っているというような項目については省略してもよいだろう。例えば、計測管理や設備管理などのやり方が全社で統一して決められているような場合である。

　また取引きの量も相当あり、取引きの歴史も相当あるような実績のある仕入先の場合には、過去の品質、コスト、納期に対しての評価もある程度できてきているので、そのような実績に応じてランク分けをして、ランクの高い仕入先から新規の部品・材料を購入するときには、さらに確認する項目を絞るというようなことも可能である。

2.3.3　部品・材料認定

　部品・材料認定の目的は、入手した認定用サンプルそのものを評価確認する

ことではなく、そのサンプルを通じて今後量産でどのような品質・信頼性の部品が供給され続けるかということを評価することである。

しかし、入手したサンプルで評価するしかないので、「いかにその目的に近づけるようなやり方をするか」という工夫が必要となる。入手するサンプルは少なくとも、本来の量産となった場合に、その部品を生産するはずの同じ工場、同じ工程で、量産とできるだけ同様に生産したサンプルであることが必要となる。さらに、できれば時期を変えて、複数回作り分けてもらったサンプルを入手するなどの工夫も必要となる。

評価の内容はその部品・材料の自社製品の品質に与える重要度に応じて変化するが、一般には以下が必要である。

部品・材料認定の評価内容

① 各種初期特性評価……外観、機械的性能、電気的性能、物性的性能などを含む各種初期特性

② 信頼性確認……環境条件下、経時的変化を含めた信頼性能

③ 良品解析などを通じたリスク評価

④ データおよび評価サンプル、未評価サンプルの保管

---

(1) 各種初期特性評価

「①各種初期特性評価」は、当然すでにある程度設計部門が行っていることではあるが、設計部門が評価したサンプルは、ほとんどの場合、仕入先の実験室や試作ラインで作ったものであることが多い。そのため最終的に仕入先の量産工程で生産したサンプルでもう一度しっかり確認する必要がある。

この初期特性評価を設計に任せることもできるが、設計者の場合、それまで評価してきたことに対してのバイアスが働くこともあり得る。そこで、第三者の違う目で確認するという意味で、設計とは独立した品質保証部門などで行うのがより望ましい。

初期特性評価といっても、個々のサンプルの特性値だけではなく、平均値やばらつき、偏りなども見て、特性値の分布や規格に対する余裕度などもしっか

り見るべきである。さらには条件が外れた場合にどのようになるのか、限界値はどの程度かなども見るのが望ましい。

条件が外れた場合ということを具体的な例でいうと、例えば周囲温度が80℃までの範囲で、ある値を満足するという規格だったとすると、それを超えて90℃、100℃ならどのような挙動をするのかという確認である。

80℃までまったく規格値に入っていて問題ないが、90℃あたりから少し規格値を離れてきて、100℃ぐらいになるとだいぶ離れてくるというような特性を示す部品もあるだろう。一方80℃まで規格値に入っていて問題ないところは同じだが、90℃を超えると途端に大きく規格値から外れるような特性を示す部品もあるかもしれない。後者の部品は前者の部品よりも品質問題を起こすリスクが大きい。このようなことがわかった場合は、自社の製品設計者としっかり共有し、できるだけ何らかの担保策を取っておくか、余裕度の設計見直しをする必要があるかもしれない。また仕入先と打ち合わせを行い、改善を協議する必要があるかもしれない。

また限界値はどの程度なのかを見るということを具体的な例でいうと、例えば、「100Nまでの引っ張り応力に耐えるという規格なら、いったいどこまで引っ張ったら破壊するのか」などの実力値を把握しておくという評価である。ある程度余裕のあるレベルで破壊しているのであれば安心であるが、まれに規格ぎりぎりの低い限界値をもつようなサンプルもあるということであれば、量産段階になった時点で問題が出る可能性が高くなる。そのようなサンプルと他のサンプルの何が違うのか、原因究明を仕入先とともに行って、何らかの改善を進める必要があるかもしれない。

このように部品・材料認定は、基準値に入っているかどうかを判断する検査とは違い、部品・材料の潜在的リスクを把握するための評価である。したがって、少ないサンプルからできるだけ多くの情報を得て、将来のリスクを予測する工夫が大切である。

さらに上記のようにどこまで行くとおかしくなるかという限度の把握以外に、「おかしくなったときに、どのようなおかしくなり方をするか？」ということも確認しておくことが重要である。

例えば100℃になったときに、部品のある特性が規格値から外れて、自社製

品の特性が少しずれるというような症状になるということであれば、その症状自身は大したことではないかもしれない。しかし100℃になると、部品が急に熱暴走を起こし、最悪発火するなどの症状になるのであれば、これは大変危険な故障であり、設計変更を必要とするかもしれない。このような故障モード、不良モードの評価もしておくことが重要である。

　さらに欲をいえば、これらの評価は、複数回に分けて生産されたものに対して行いたい。これによって、仕入先での製造ロット間のばらつき、間隔を置いて生産したときのばらつきが評価できるからである。

(2)　信頼性確認

　「②信頼性確認」も上記同様、異なる生産時期のサンプルで複数回実施できると大変よい。信頼性評価も初期評価同様、ある一定時間まで試験をし、測定して規格値と比較して問題なければ合格、というようなデジタルの判断ではいけない。その時間になったときにどんな特性がどのように変化をしているかは最低限見ておく必要がある。その場合でも、その部品が規定している規格値の項目だけで判断するのではなく、劣化度合いを評価するための適切な指標を見つけ出して評価するという工夫も大切である。

　さらには一定時間で信頼性評価をやめるのではなく、限界を知るという趣旨から、壊れるまで長時間やってみる、壊れるまでの過負荷をかけてみるなどのことをして、壊れた状態がどのようになるのかをしっかり確認しておくことも「(1)各種初期特性評価」で述べたのと同じである。

(3)　良品解析などを通じたリスク評価

　「③良品解析などを通じたリスク評価」は、部品・材料が仕様として保証している項目を見るのではなく、何らかの不具合が発生する可能性がないかどうかを評価するものである。認定サンプルとして提出された初期状態のものと、信頼性試験後のものを対象にして行うのがよい。

　主として信頼性試験後のサンプルの解析は、試験前と比較して、どのような変化が生じているかということを観察する。「その変化がもっと進んだときに、仕様にどのような影響を与える可能性があるか」「仕様には定めていないが、

何らかの問題になりそうな影響がないか」というような視点でリスクを予測するのである。

　試験をしていない初期サンプルでは、例えば内部構造やそのばらつきを確認することも行う。もちろんそこは仕様書に取り決めしていないことなので、合格、不合格というような判断はないが、技術的視点から考えて、どのようなリスクがあるかを評価する。

　例えばある端子が寸法規格内には入っているのであるが、常にある方向に少しねじれているとすると、それは仕入先の生産工程で、何らかのストレスがかかっている可能性を示している。そうなるとその生産工程では、今は問題発生していないけれど、将来もっと大きなストレスがかかって不具合品を作ってしまうかもしれないという潜在的リスクがあることとなる。

　このような部分が見つかれば、仕入先と協議し、これらの症状が発生している原因を究明し、対策しておく。あるいは、現状以上の大きなストレスがかからない構造になっていることを確認するなどして、将来のリスクを消しておくことが重要である。

　これは外から見える部分だけでなく、認定サンプルをＸ線透過装置や超音波探傷機などを用いて非破壊で内部観察する。または、できるだけダメージを与えないように分解して、内部構造を調べるなどの方法を通じて直接見えない内部に潜むリスクも評価する。

　自社でこのような高価な故障解析装置や分析装置をすべてそろえることは難しい場合も多いと思うが、各都道府県にある工業試験所などでは、このような設備を使わせてもらうことができるので大いに活用するのがよい。

　このような良品解析で使用する装置や技術は、品質問題発生時の故障解析で用いるものと同じである。初期段階でこの良品解析をしっかりしておくことは、部品・材料認定だけではなく、万が一量産途中で品質問題が発生したときに、自社でも故障解析が円滑に行えるための予行演習にもなるので、大変有効である。

　以上のようにして評価した内容は、場合によっては仕入先の品質保証担当者や技術担当者と共有化して議論し、リスク低減を図る材料として活用する。

　以上「部品・材料認定の評価内容」(p.46)の①〜③で述べたようなリスク評価

のポイントは、部品・材料ごとに異なる部分も多く、自社で多くの経験を積んでいきノウハウ化していくことが大変重要であり、会社の貴重な財産となる。

(4)　データおよび評価サンプル、未評価サンプルの保管

「④データおよび評価サンプル、未評価サンプルの保管」は、まったく手を加えていない、認定用に仕入先から提出されたサンプルそのものを、できるだけ経時劣化しないように保管しておくことである。

このような保管サンプルを「キープサンプル」という。後々何らかの問題が発生したときに、そのときの問題品とこのキープサンプルを比較することで違いを見出し、原因を見つけやすくするために保管するのである。

また前述の「①各種初期特性評価」「②信頼性確認」「③良品解析などを通じたリスク評価」で得たデータや資料は、品質記録として保管することは当然であるが、用いたサンプルもできれば保管しておきたい。

なお半導体のパターンなどは認定時に写真を取ってそれを残しておくなどのことが望ましい。

2.3.4　工程認定

仕入先から購入する新規部品・材料を量産する予定の工程を監査し、結果を評価して合格基準に達しておれば社内の正式手続きを経て認定する。これが工程認定である。

仕入先の工程認定を行うときには、2つの視点で行う必要がある。1つは「管理的視点」であり、もう1つは「技術的視点」である。

(1)　管理的視点

管理的視点はISOの監査などでおなじみである。管理的視点は以下のことをさす。

管理的視点での工程確認

● やるべきことを決めていること

● 決めたことを守って実行していること

●守っていることが客観的にもわかるようになっていること
これらがどれだけ徹底できているかを管理することである。

　仕入先の工程監査に行って、QC 工程図を見せてもらったり、各工程での管理項目を聞き出したりして、管理項目が「どこに決められていて」「どんな頻度で」「どのような機器を使って」「どのような方法で測定して」「どんな基準で判断しているのか」「もし基準から外れた場合にどのような処置をとっているのか」「その記録は残しているのか」……などをきちんと確認することで、その仕入先の工程管理の管理的視点でのレベルはチェックできる。

　管理的視点での工程管理がほとんどできていないような仕入先はおそらくISO 9001 も合格できないだろう。したがって、完璧ではないにせよ、ある程度できているところが多いと思われる。

　管理的視点での工程管理のレベルが低い仕入先であっても何らかの理由で、どうしてもその仕入先から部品・材料を購入したいということであれば、この時点で品質保証担当者が入り込み、改善を支援していくようなリソース投入の覚悟が自社にないといけない。また、仕入先自身が自社の指導についてきてくれる覚悟をもっているかを見きわめておく必要もある。これは自社の事業責任者層が判断する必要がある。もちろんできればこのような仕入先を選定すべきではない。

　以上管理的視点での工程確認では、「仕入先が決めたやるべきこと」がすべて出発点になっているような説明の仕方をしたが、実際管理的視点でも、「識別」や「保管」「異物管理」「静電気管理」など一般常識として必要な管理項目はたくさんある。

　例えば、「不合格品と合格品の識別方法がどのように決められているのか？」「製品の保管期限が定められているのか？」などの常識的な管理項目が設定され、実施されているかという確認はしなければならない。

　このような管理的視点での工程管理が非常に高いレベルであっても、十分な品質保証ができるとは限らない。もう 1 つ技術的視点での工程管理が必要である。

(2)　技術的視点

技術的視点での工程管理とは以下のような内容である。

技術的視点での工程管理

● どのような管理項目を決めているか？

● なぜその項目を管理項目としているか？

● その管理項目だけで十分なのか？　それ以外に必要ないのか？

● その管理基準はそれでいいのか？

● 測定方法はそれで適切か？

● 頻度はそれで適切か？

　など

このような技術的視点での工程管理については ISO の監査では触れられない。しかし品質保証上非常に大切なポイントである。技術的視点での工程管理の基準をどれだけしっかり、理論的に、または実験的に、あるいは経験的に（どれだけデータを積み上げて）決めているのかということが重要である。これらをしっかり確認することが、技術的視点での工程管理のレベルを見きわめるポイントとなる。

　自社では仕入先が作っている部品・材料を生産していない。だからこそ仕入先から購入するのである。よってその部品・材料の製法や工程はその仕入先ほど詳しくはわからない。そのため、ある工程で、「これが管理項目です」「これが管理基準です」「これが管理頻度です」などと仕入先から説明されても、「それではいけない、もっとこうすべきだ」などということを、こちらから言えないのが普通である。それではどうするのか？

　きちんと論理的に考えられる人なら当然と考えるような疑問があるはずである。これをどんどん仕入先の技術者にぶつけていくのである。

　例えば、ある板にドリルで穴を開けていたとする。そこでの管理項目は、「ドリルの回転速度と、下降スピードです」と仕入先の技術者が説明したとする。普通の人なら、「それらはもちろん重要な管理項目だろうけど、ドリルの寿命も管理が必要ではないのか？」ということはすぐに思いつくはずである。

　また、ドリルの回転速度と下降スピードは重要な管理項目であるけれど、穴をあける板の材質や、厚み、穴の大きさなどで、当然変わってくるはずで、「それらをどのように決めているのか？」というのは当然思いつくはずの疑問である。このような疑問に思ったところ、気づいたところをどんどん仕入先技術者に質問していくのである。

　こうした質問が仕入先から嫌がられることは必定である。ノウハウのためお答えできませんと言われる場合もあるだろう。詳しいデータは見せてもらえないことも多いだろう。しかしどのような方法で決めたのかということを聞いたときに、仕入先の技術者が、詳細データを示すことは避けたとしても、自信をもって、決めたプロセスを説明できるなら、相当信用してよい。回答に困るようだとちょっと心配である。

　先ほどの板に穴をあける事例なら、「ドリルの寿命はどのようにして決めたのか？」という質問に対して、以下のような回答をすらすらしてくれるなら、かなり安心できる。

　「弊社の取り扱うそれぞれの板材について、ドリルの回転速度と降下速度をいくつか振って実験し、穴の形状、表面状態を確認するとともに、ドリルの摩耗度合いを顕微鏡で確認し、暫定的に管理条件を決めます。その後量産のなかで、その基準に達したドリルを、取り出し、再度同様の実験を行い、限界値を見きわめて、そこから安全係数を見て決めています。それでも量産工程では、異物の噛みこみなどの突発的な問題も起こり得るので、ドリル交換頻度よりも高い頻度で、ドリルの形状の顕微鏡確認をするとともに、1000穴に1度、穴をあけた板のほうの穴形状、表面状態検査を行っています」

　しかし、「むにゃ、むにゃ」と要領の得ない回答をしている場合は要注意である。管理限界値まで使ったドリルとそのときに開けた穴のサンプルを取り寄せ、立ち合いの元一緒に調べるというような確認作業をしなければならないかもしれない。

　このような工程監査を行っていくと、自社でもどんどんノウハウができてくる。

　例えばある仕入先で、「実は同じ材料の同じ厚みの板で、同じ大きさの穴をあける場合でも、そのときの室温や湿度によって穴の仕上がり具合が変わりま

す。ですから温度と湿度を常に見ていて、3つのランクに分けて、それに応じてドリルの回転速度を変えているのです」というようなことを聞いたとしたら、しめたものである。

「そうか、温度湿度で板の変化があるのだ。だったら穴あけの環境条件をコントロールするか、この仕入先のように温度湿度に応じて条件を変えないといけないのだ」というノウハウを自社としても勉強できるわけである。

違う仕入先に行ったときに、何食わぬ顔で、「温度湿度によって板の性質も変わるので、ドリルの条件も変更しないといけないのではないですか？」というような質問を仕入先技術者にしてみるとよい。仕入先技術者は驚いて、「いやー、よくご存じですよね……そうなんですよ。ですから実は弊社はこのような管理しているのですよ」と聞かなければ説明してくれなかったような管理方法を説明してくれるかもしれない。それなら安心できる技術力のある仕入先である。

さらには、「実は温度湿度だけでなく、板の保管期間によっても変わるんですよね。結局どれだけ板が吸湿しているかということが問題なんですよ」というようなおまけの話までしてくれると、その仕入先の技術は相当なものであることがわかるし、さらなるノウハウを学ぶこともできる。

一方で「温度湿度で変わるのではないか？」という質問を投げかけても、「いや特に変わりませんよ」という仕入先の技術者がいたなら、「変化がないというデータはあるのですか？　確認したことあるのですか？」などと迫ってみるとよい。それに対してしっかりと説明できないとしたら、ちょっとその仕入先の技術は心配であり、結果として品質保証もレベルは低い可能性が高い。

管理法、測定法なども同様である。例えばある工程の温度管理が重要管理ポイントであるとするなら、「その温度測定はどのようにしているのか？」「温度計は何を用いているのか？」「どの部分の温度を測定しているのか？」「その部分の温度測定でなぜよいのか？」「どの程度の精度が必要なのか？」「どの程度の温度の振れ幅があるのか？」など技術的な発想が少しでもできる人ならいくらでも質問することができるはずである。

例えば、ある熱処理をしている工程での温度測定のポイントがヒーターの近くにあった場合、それは処理される製品の温度ではなく、ヒーター附近の雰囲

気温度を測定していることになる。処理される製品の熱容量や熱処理時間によって、製品自体の温度は変わるはずである。ヒーターの温度管理をすることで、製品の温度管理の代用となっているわけであり、「ヒーターの温度と製品の温度の相関をどのように確認しているのか？」「製品の種類が異なることで影響を受けるはずであるが、それをどこまで考慮した条件設定となっているのか？」 など、当然疑問をもつはずである。そのようなポイントをしっかり確認していくのである。

　このようなことは確かに仕入先のモノづくりのノウハウを知ることになるのである。それをもち帰って自社で活用したり、他社に教えたりすることは、倫理的に許されることではない。仕入先が品質をしっかり維持していく技術力があるかどうかを確認するための目的のためだけに用いてほしい。

　ちなみに ISO 9001 のようなマネジメントシステムの監査では、このような技術的視点についての確認はほとんど行われない。その意味で ISO 9001 監査は、品質保証ができているための必要条件は見ているが、十分条件のほうは見ていないということになる。この技術的視点での工程確認をしっかり行うことでその部分を補完する必要がある。

　なおこのような工程監査をするときに注意すべきこととして、監査の結果は、監査対応をした個人の技術的知識や受け答えの上手下手に大きく左右されるということである。これについては、4.3 節「仕入先監査のあり方」でもう少し述べたい。

2.4　契約・仕様の取り交わし

2.4.1　各種契約

　企業間での取引きを開始する場合は、通常は自社と仕入先の間で、取引基本契約を交わす。この取引基本契約には、取引きにおける所有権の移転、支払い方法、返品などの取引条件とともに、知的財産権、品質保証などの大枠を取り決める。

　この取引基本契約には、品質保証にかかわる内容としては、品質保証期間、製造物責任、損害賠償を重要事項として記載することが多い。その他の品質保

証にかかわる、より詳細事項、例えば、仕様の決定方法、工程の管理、出荷検査、トレーサビリティ、記録の保管、検査方法、不具合発生時の対応、変更管理などは、品質保証契約として別途取り交わされることが多い。

　さらには個別の部品・材料の詳細の規格や基準を取り決めたものは、「仕様書」として部品・材料ごとに取り交わしされる。

　取引基本契約および品質保証契約でよく取り決めされている項目の中で、特に実務での考え方や運用が難しいものが、「品質保証期間」「損害賠償」「変更管理」そして「監査」である。これらの運用の難しい４項目と、品質マニュアルの取り扱い、および仕様の取り決めにおける注意点について、以下に解説する。

2.4.2　品質保証期間
(1)　BtoB のビジネスにおける品質保証期間

　次に示すのは、取引基本契約に書かれている品質保証期間の文面例である。

取引基本契約における品質保証期間の文面例

　商品の引き渡し後 12 カ月以内に、対象物に瑕疵が発見されたときは、乙(仕入先)は、甲(購入者)の指示に従い、代納品を納入するか、またはこれを修理、若しくは甲による修理に要する費用を負担し、または代金を減額し、あるいはこれらに代え、またはこれらとともに当該瑕疵により甲が被った損害を賠償するものとする。ただし、甲の責に帰すべき事由による場合はこの限りではない。

　前項の期間経過後といえども、対象物に乙の責に帰すべき事由による重大な瑕疵が発見されたときは、乙は前項と同様の責任を負うものとする。

　この文面の中で「瑕疵」という難しい言葉が出てきているが。これは法律上の言葉で、欠点や欠陥を意味している。この文面の中には、「品質保証期間」についての記述と、「損害賠償」についての記述がある。まず品質保証期間について解説し、次に損害賠償について解説する。

　品質保証期間についてはさまざまな誤解がある。そもそも品質保証とは何なのか？　一般消費者としての感覚からいうと、品質が保証されているというこ

とは、「不良品はない」あるいは、「正常な使い方をしている限り故障しない」などというイメージをもつのではないだろうか。よって「品質保証期間」が1年であると言われると、1年以内には品質問題は発生しないと考える。「万が一発生した場合は新品と交換してくれるか、無償で修理してくれる」という感覚ではないだろうか? これは一般的な耐久消費財である電化製品や自動車などを購入したときについてくる保証書にはっきりと書いてある。このことについては後程解説するとして、まずはBtoBビジネスにおける品質保証期間の解釈について述べる。

BtoBのビジネスにおける品質保証期間とは、「その期間内であれば、どんな品質問題があっても、仕入先(売り手)が責任をもつ。しかしその保証期間が過ぎた後は、仕入先は一切知らない」ということではまったくない。

品質保証期間内であれば、問題が発生した場合に、「その原因が自社(購入者)にあるということを仕入先が証明しない限り仕入先が責任をもつ」ということである。これを法律用語で瑕疵担保責任という。瑕疵(欠陥)があった場合にも担保(保証)しますよという趣旨である。

瑕疵担保責任とは、「仕入先に例え過失がなくても、瑕疵があるだけで補償しますよ」という無過失責任である。

逆に品質保証期間が過ぎて問題が生じた場合は、法律的には、債務不履行責任または不法行為責任のどちらかで争われることとなる。債務不履行責任の場合は当事者間に契約関係がある場合に適用され、仕入先は過失が仕入先側になかったということを証明しなければならない。

一方、不法行為責任の場合は、当事者間に契約関係があろうがなかろうが成立し、自社(購入者)が、過失が仕入先にあることを証明しなければならない。

したがって、普通契約関係のあるBtoBでは、債務不履行責任で訴えても、不法行員責任で訴えてもよいことになっているようだ。ただし、債務不履行責任は債務不履行が発生してから10年で、不法行為責任は不法行為から20年、発見から3年で時効となる。

詳細は法律の専門家に相談してほしいが、以上のようなことから考えると、品質保証期間は1年というような取り決めをしていても、「1年たったら問題発生しても仕入先は知りませんよ」「責任は取りませんよ」ということを言っ

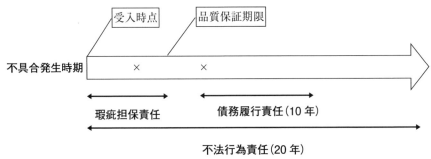

図 2.1　不具合発生時期に応じた責任区分

ているのではないということが理解いただけると思う。

　実際 BtoB の取引きでは、購入者も仕入先も専門家であるから、問題の原因は何であるかということについて証明する能力をもっている。品質保証期間外となっていても問題発生すると、購入者は原因を調査して、仕入先が問題だとなれば、責任を追及し損害賠償を求めることができるのである。

　もちろん通常の取引きの場合は、購入者と仕入先でビジネスが継続することが多い。そのため将来の取引関係を重視して、問題の原因究明には、品質保証期間内でも外でも、仕入先が協力して、原因究明することが通常である。前述の契約書例の文面に、念のためにそのような不具合原因や対策についての仕入先の協力も追記しているような契約書例もある。

　よって契約文書では、保証期間内は、原因究明は全面的に仕入先が責任をもつ、保証期間外は、原因究明は仕入先も協力するが基本的に購入者がもつということである。いずれの場合であっても瑕疵原因が仕入先にあるということがわかれば、保証期間内はもちろん、保証期間外でも仕入先に賠償責任があるということである。以上を図 2.1 に整理して示した。

(2)　耐久寿命を仕様書に定めるか？

　「それなら、1 年どころか、部品を購入してから 10 年経過しても、20 年経過しても、原因が仕入先にあれば責任を取ってもらえるのか？」というとこれはまた難しい話となる。

　原因が仕入先にあるというのは、仕入先に過失があったということでなければならない。仕入先がその当時の技術および業界の常識的レベルからして当然の設計、製造を正常に行っていたとすると、過失がないということになる。それにもかかわらず、寿命という形で故障が生じたとしても、それは過失ではない。寿命であって、仕入先が賠償責任を負うことはないという解釈になる。

　ややこしいのは、どの程度の寿命であれば仕入先の過失と言えるのか、または言えないのかということである。

　BtoC での商品である携帯電話では、市場でも 3 ～ 5 年ぐらいで買い替えることが多く、せいぜい 10 年程度しか使わない。この場合ならたとえ 12 年後に故障したとしても、「すでに 12 年も使ったからもういいや」と消費者も納得できることが多いので問題ない。

　しかし携帯電話の基地局のように、20 年程度の寿命を想定しているようなシステムで使用する製品が、10 年程度で故障したりすると、問題である。そのような寿命にも耐えるような設計をしていなかった仕入先の過失であるという主張も成り立つわけである。

　この点は市場で何年もしてから故障が発生した場合に大いにもめるところである。「仕入先がどの程度、その部品・材料の使われる環境や時間を理解していたか」「自社がどの程度そのことを仕入先に伝えていたか」「どのような寿命を要求していたか」ということが争点になる。

　購入者が仕入先に使用環境や必要寿命を十分知らせており、「その当時の技術レベルから見て、その要求に十分対応できる設計が仕入先でできていたはずである」という技術的見解を示せるのであれば、購入者に分がある。

　また当時の技術ではそのような設計ができなかったとしても、それを当時仕入先が購入者に伝えなかった場合、やはり購入者に分がある。

　逆に、購入者が仕入先に、使用環境や必要寿命を知らせていなかったなら、仕入先に分がある。

　そのような争いを避けるためにも、耐久寿命を別途「仕様（スペック）」として仕様書に定めておくべきである。実際に先ほどの基地局や海底ケーブルのような長期信頼性が必要な機器の仕様書では、故障率などの定量的な数字を定めていることもよくある。しかしそのような数字を定めても、本当にそれを満足

するかどうかの確認は、加速試験で行うか、MIL-HDBK-217 などに基づく信頼度計算による予測しかない。

逆に仕様書に平均寿命や故障率を定めると、仕入先は責任をもつことを恐れて、取引きを断ってきたり、値上げを要求してきたりするので、難しいところである。そのため特殊な用途を除いて、多くの BtoB 取引では、明確な寿命要求などは仕様に記載しない。自社のどんな製品に使用するかということを仕入先は当然知っているということを前提にしている。

明確に仕様で決めていなくても、使用環境や必要な常識的寿命は仕入先も想定できるはずであるという立場である。よって問題発生した場合には、2.4.7 節「仕様の取り交わし」に述べるように、仕入先と自社との間で、「そんな使われ方は知らなかった」「わかってたはずだろう」みたいなやり取りが発生してしまうのである。

(3)　BtoC における品質保証期間

ちなみに我々が一般消費者としてよく知っている家電や自動車などの品質保証期間は BtoB とはかなり異なる。保証期間内ならば、顧客が故意または過失で壊したということを販売者が証明しない限り無償修理をしてくれる。

だから例えば品質保証期間 1 年の携帯電話が、普通に使っていて、1 年以内に壊れたということであれば、店にもって行けば、無償修理なり無償交換してくれる。しかし顧客が携帯電話を間違って踏んづけて壊してしまった、川に落として濡らしてしまって壊したなどという場合には、品質保証期間内でも無償修理はしてくれない。

一方、品質保証期間の 1 年を過ぎると、たとえ顧客がまったく問題のない使い方をしていたとしても壊れた場合の修理は有償ということになる。

もちろんこの場合でも、顧客が、壊れた原因が製造業者の工程管理の不備にある、ある特定の部品に欠陥があるなどを指摘して、それを販売者に納得させることができた場合には責任は販売者にあるということで、無償修理になることもある。

しかし通常一般の顧客が製品故障の原因が製造業者の過失にあるということを証明するのは不可能である。そのため一般消費者向けの品質保証期間は、顧

客には一切故障原因の証明責任をもたせず、製造業者の一方的宣言になっているのである。

　そうはいっても、製品が品質保証期間外とはいえ、想定していた寿命内で多数が故障する、発煙・発火、爆発などのような、あってはいけない危険な壊れ方をするというような場合は、品質保証期間を過ぎた後であっても、製造業者は「リコール」という形で、製品の回収、修理、取り換えなどを無償で行うこともある。

　このように、BtoB と BtoC では、品質保証期間に対する考え方が異なる。

(4)　在庫保証期間や PL

　余談になるが、ここで在庫保証期間と品質保証期間の違いについて解説しておく。品質保証期間と在庫保証期間を混同しないようにしてほしい。

　品質保証期間は先ほど述べたように不具合が発生した場合の原因証明責任の移転時期を述べるものである。

　一方、在庫保証期間は、「その期間内に使ってください」という期限である。食品における消費期限のようなものである。消費期限内に食べて腹痛を起こしたとしたら大問題である。その腹痛が食べてから何カ月もしてから発生したとしてもである（普通はあり得ないが）。しかし消費期限を過ぎて食べて腹痛を起こしても「それは食べた人の自己責任でしょ」ということである。

　同様に、在庫保証期間内に使用した場合には品質保証期間は有効であるが、「在庫保証期間を超えてから使用した場合には品質保証期間内であったとしても品質保証はできませんよ」という趣旨である。

　なお製品責任（PL：Product Liability）についてはこれも重要事項として取引基本契約に記載されることが多い。

　PL は、販売した製品の欠陥によって、購入者の人や財産に損害が生じた場合の責任を問うものであり、消費者保護の観点から特別に「製造物責任法」として定められている。

　PL で責任を問う欠陥は起こり得る各種不具合の中でも、特に製品が人や財産に損害を生じさせるような不具合を起こした場合に限定されており、購入者の人や財産に損害が生じた場合の責任について、厳しく定めるものである。

　購入者に対して、製造業者に故意・過失があったというような立証責任をもたせることなく、欠陥があるということだけで製造業者が責任をもたなければならない。もちろん使い方などに問題がある、保管法に問題があるなど、使用者の重大な過失や意図的誤用を問えないわけではないが、その立証責任は製造業者にある。この項目も取引基本契約に定めることが多い。

　これは BtoB であっても同様で、購入者が使用するときに、適切な取り扱いをしているにもかかわらず、作業者に損傷を与えたり、購入者の財産に損害を与えるような不具合を起こしたりする場合に適用される。

2.4.3　損害賠償

(1)　契約締結内容で大きく異なる賠償範囲

　損害賠償も取引基本契約の中で必ず出てくる項目である。上記の契約書例文にも品質保証期間内外における損害賠償に触れている。

　しかしこの損害賠償の範囲については、自社としてはできるだけ大きな賠償範囲としてほしいが、仕入先としてはできるだけ小さな賠償範囲としたいという対立がある。

　そのため損害賠償は、契約締結時によくもめるところでもある。

　仕入先が最も有利な賠償範囲は、「不良品の代替」あるいは「不良品は返品できる」である。これは自社にしてみたら当然の話であって、笑ってしまうような最低限の話である。

　一方逆に自社が最も有利となる賠償範囲は、「発生した損害すべて」である。このとき想定している損害範囲は、不良品の代替や返品はもちろん、その不良品を使用したことによって廃棄や修理を行わなければならなくなった自社製品の廃棄費用や処理費用といった損害、不具合の原因究明や調査などにかかった人員の費用や出張・分析などの費用が含まれる。

　これらは自社の直接損害である。さらにはその部品の不具合発生がなく、自社が計画どおり製品を製造できて販売できていたとしたら売り上げていたはずの利益も出せなかったという「機会損失」のような間接損害の部分も賠償範囲に入れるのである。

　このように仕入先と購入者とでは定めたい賠償範囲には大きな隔たりがある

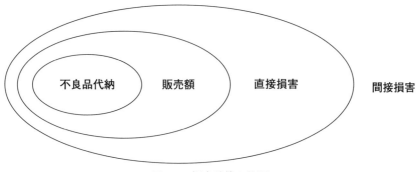

図 2.2　損害賠償の範囲

のが通常である（図 2.2）。よって結局契約では、仕入先と購入者の力関係で落
としどころが決まる。仕入先が強い場合は、不良品の代替か、せいぜい仕入先
が販売した部品・材料の販売額までの賠償と制限されてしまうことが多い。一
方、自社に強い力がある場合は、間接損害まで入れられることとなる。

　しかし通常、間接損害は、明確な損害額の計算が困難であり、言った者勝ち
のようなところがあるため、直接損害までの範囲を賠償するということで決め
ることが多い。

⑵　膨大な損害額になり得る自動車のリコール

　直接損害だけに絞った場合でも、例えば自動車用部品で不具合が発生したた
めに、自動車を何万台もリコールしたというような問題の場合は、大変大きな
損害額となる。これをその原因となった部品の仕入先にすべて賠償させようと
しても、現実にはとても支払える額ではないこともあり得る。

　そのような大きな問題が発生した場合は、今後のビジネスも考慮して、契約
書で定める賠償範囲の全額を取ることをせず、何とか仕入先がビジネスを継続
できる範囲に賠償額を抑えて、購入者が我慢するようなことも起こり得る。

　このような事態を避けるために、仕入先に保険を掛けさせることも 1 つの選
択肢であるが、保険料が高いために現実的ではないことも多い。場合によって
は、最大 1 億円まで支払え、などといった金額の上限を契約書に定めるような
やり方もある。

2.4.4　変更管理

　変更は品質問題を発生させる原因の最も大きなものであると言っても過言ではない。そのため、品質契約においても、「購入者の承認なしに変更はするな」というような文言を入れることが多い。「変更する場合は、事前に文書で購入者に届け出をして、購入者が必要とするデータやサンプルを提出のうえ、購入者が承認をした後に変更すること」というような規定をする。

　一方、逆に仕入先も、販売する商品がカタログ品、標準品のような場合は、「無断で変更をすることがあります」といったような断り書きをカタログなどにしていて、購入者とはそのカタログ表記以上の契約は結ばずに取引きしようとする。BtoC の商品はほとんどがこれに該当するが、BtoB となると結局は仕入先と購入者の力関係となる。

　さて、このように品質にとって非常に大切な変更管理であるが、「どのようなことを変更というのか？」「どのような範囲までの変更を購入者の承認が必要とすべきなのか？」「仕入先が申請を出したら必ず購入者は何らかのアクションを取るべきなのか？」「本当に仕入先はその契約を守るのか？」など課題も多い。仕入先に要求するだけでなく、自社としても多くの負荷がかかるので、どのような契約内容にするか、どこまで本気で徹底するかには実際上の課題が多い。このことに関しては 4.2.3 項「変更・変化点管理の徹底」の項目で詳しく述べたい。

2.4.5　監査

　通常自社（購入者）は、仕入先の工場などへ立ち入り監査することができるように、契約で取り決めておくことが多い。立ち入り監査するといっても、通常は仕入先へ事前通知をして日程などの了解を取ったうえで監査を行うという形で契約されることが多い。

　しかし「あまり信用のできない仕入先もあり得る」という想定の場合、抜き打ちで監査することができるように、契約でも、「仕入先の同意」というような文面を入れずに監査できるように定めておく場合がある。

　もちろん実際そのような抜き打ち監査をしょっちゅうしないといけないような仕入先と付き合うのがよいのかどうかは疑問である。どうしても付き合わざ

るを得ないような場合は、自社の品質管理技術者を仕入先に常駐させるほうがよいだろう。

　また一次仕入先だけでなく、仕入先の仕入先である二次仕入先や協力会社の工程も監査する必要があることもあるので、必要に応じて二次仕入先や三次仕入先などにも監査立ち入ることを契約に記しておく必要がある。

　ただし、そのような契約文言を仕入先が認めるかどうかは、結局はこれも仕入先と自社（購入者）の力関係による。また契約ではそのように定めていても、実際の監査を行う段になると、一次仕入先がそれを認めるか、二次仕入先がそれを認めるかという問題がその時点で浮上することが出てくることも多い。

　余談になるが、抜き打ち監査でなくても、納期問題などの交渉で、急に仕入先に押しかけたりすると、その会社に「入れろ」「入れない、帰れ」という口論となり、最終的には「不法侵入で警察を呼ぶぞ」と言われ、単なる脅しかと思っていたら本当に警察が来て、つまみ出されることもあるので注意が必要である。

2.4.6　品質マニュアル
(1)　品質マニュアルはどこまでそのとおりに従ってほしい？

　品質マニュアルとは、取引基本契約はもちろん、品質保証契約でも述べないような詳細について定めたものである。マニュアルという名前からもわかるように、契約というより、手順書のようなものである。

　品質マニュアルは通常自社が調達品の品質管理を行っていくうえで、仕入先に従ってほしい各種の業務内容やその手順を取り決めたものである。場合によっては品質管理の範囲を超えて、その他の自社に対しての各種連絡や申請書式や手続きを定めたりすることもある。

　このマニュアルにはかなり細かなことも決めている。以下に例を示す。

品質マニュアルの内容例
- 仕様書の取り交わしに関する手順や書式
- 新規部品・材料の認定申請書式や必要データ、サンプルなどの取り決め
- 仕入先の購入者への提出用出荷検査成績書書式や必要部数

- 変更申請書式や要求データ、サンプル
- 特別採用申請書式や要求データ、サンプル
- 金型の保管・維持・更新についての基準、報告書式

このような詳細の書式や手順を決めることによって、自社は自分たちの標準的方法で処理できる。それにより自社が重要と思う管理ポイントを抜けなく押さえることができるし、業務の効率化も図れるというメリットがある。

しかし、仕入先からすると、個別の顧客ごとに異なる書式、やり方で対応する必要があり、効率が落ちるし、ミスの原因にもなる。仕入先の標準書式で申請してきても、内容確認ののち、不足する情報などを、自社から仕入先に追加要求するなどの対応で済ませるということでもよいかもしれない。このあたりは自社が重要と考える部分だけの徹底ということになる。

ちなみに、このように購入者が自分の都合で決めた各種仕様は結構たくさんある。例えば仕入先から購入者に製品を納入する外装箱に、品番、数量などの数字やバーコードを印刷したラベルを貼付してもらうことになるが、これが自社の特別なカスタム仕様であったりすることも多い。各購入者がそれぞれ勝手に決めているため、何百種類ものラベルとなって、それを使い分ける必要があり、仕入先にとっての負荷は大きいしミスを起こす可能性も増える。

購入者としても特に絶対的な理由がないなら、極力業界標準で済ませるようにするのが仕入先のためにもなるし、ミスなどの防止という点で自社のためにもなる。

ということで、品質マニュアルで定めることも、自社がどこまで本気で仕入先に要求するかということによって、「本当にそのとおり守ってもらうか、まあ少々違うやり方でも許容するか」の加減が変わってくる。自社内で、本音で価値観を共有しておき、どのようなものは自社の基準を徹底して仕入先に要求するか、どのようなものは自社の基準は参考であり、仕入先標準でも受け入れるのかをフェーズ合わせしておくのがよい。

(2) 契約を結ばないという選択肢

以上述べたように、仕入先と購入者で取引基本契約や品質保証契約を結ぶこ

とは重要である。しかしこのような契約は、両者のそれぞれの利害関係からして、対立することが多い。もちろんビジネスを互いにしたいということで、ビジネスの当事者同士であれば、どこかで妥協しようとする。しかし、契約内容を審議する法務部門では、契約書に書かれている内容のリスクや法的効力をしっかりと検討するので、仕入先も購入者も対立して、なかなか落としどころを見つけられないことも多い。

仕入先または購入者のどちらかが一方的に強いような場合は、かなり一方的な契約内容になることがある。例えば知的財産権や損害賠償に関する条項などは、仕入先が力をもっている場合は、仕入先の標準的契約書をそのまま受け入れないと取引きができないということも多い。

例えば、購入する部品・材料の特許に関して紛争が発生したときに、その部品・材料の購入者にも生じる賠償責任については、仕入先は一切関知しないというような内容があったりする。また品質問題などにおける損害発生時には、「販売額以上の賠償はしない」「良品の代納以上のことはしない」というような契約内容になっていることがある。

このようなリスクの高い契約を、自社（購入者）としては当然結びたくない。しかしいくら交渉しても、「埒が明かない」ため、最後の手段として、購入者は、仕入先から直接調達せずに、間に商社をいれて、商社にそのリスクの一部をかぶらせようとすることもある。しかしたとえ商社を介したとしても、知的財産や品質問題などで大きな損害賠償が発生したときに、そのような賠償を肩代わりできるような商社はほとんどない。たとえあったとしてもそのリスクを担保するために、かなり割高な手数料を取られるのが落ちである。

このようなことを考えると、仕入先が大変強い立場にいるにもかかわらず、その仕入先から調達するしかないなら、そしてその契約内容があまりにも一方的なら、そのような契約は結ばないでビジネスを行い、「万が一もめたときには国際法やどちらかの国の法律で処理するほうがいい」という選択もあり得るのではないかと考える。もちろんこれはリスキーではあるが、このようなリスクを取らなければビジネスはできないことも多い。もちろん契約を結ばないと納入しないという仕入先もあるので、そんな場合でもそこから購入したいのであれば、仕入先のいうとおりの契約を結ぶこととなる。

　このあたりは、法務部門が契約におけるリスクを明確にし、このようなリスクが本当に受け入れられるのかどうかを事業部門に対して問うことになる。事業部門はそのリスクが現実化する可能性の高さや、現実になった場合の損失の大きさを想定し十分考慮の上意思決定することとなる。

　逆に自社が非常に大きな調達力をもっていて仕入先に対して強い立場で迫れる場合はどんどん自社の標準の契約を結ぶのでよい。

　ただし5.3節「グローバル調達」で述べるが、商習慣の違いで、どんな契約でも簡単にOKするが、実際にもめた場合に、あれやこれやと言って契約どおりには履行しない仕入先もあるので、契約しているからといって安心できるものでもない。

　逆に契約書に定めていたとしても、実際の問題が生じたときには、いろいろな事情がありビジネスを継続したいという気持ちがある限り、個別交渉はつきものである。もちろん契約書に定めてあるということは、それなりに強力な武器になるのはいうまでもない。

2.4.7　仕様の取り交わし

(1)　仕様書とは

　売買する商品の機能や性能をきちんと表記し、仕入先と購入者とで取り交わしをしたものを昔は承認図と言っていた。しかし承認図として購入者、仕入先の相互が承認の押印を行うと、契約書となってしまい、日本ではいちいち収入印紙を貼る必要が出る。そのため現在では承認図は廃止され、それに代わるものとして、仕入先または購入者が仕様を記載し相手に送付するようになっている。この書類を仕様書と言っている。

　一般消費者向けの商品であれば、製造業者が一方的に消費者へ伝えておくべきと考えるものをカタログに掲載したり、商品取り扱い説明書などの最後のページなどに記載したりしている。しかしBtoBでは、仕入先または購入者がきちんと文書にして相手に送付するのが通常である。

　購入者が仕様を記載して、これ合致するものを生産して納入してくれという要求を示すものは、「購買仕様書」と呼ばれる。一方逆に仕入先が、このような機能・性能の製品を納入しますという趣旨で購入者へ提出するものは、「納

入仕様書」と呼ばれている。

　購買仕様書を原本として取引きをするのか、納入仕様書を原本として取引きをするのかは、個別の企業の考え方による。どちらでやるにせよ、仕入先および購入者の両者にとって、「どの文書が正であるのか」が明確であれば問題ない。

　承認図の時代にはなかったが、仕様書の時代になると、ときどき、「どの文書が正か」という点が問題になることがある。購買仕様書と納入仕様書の両方が存在して、それぞれの内容が微妙に異なってしまう場合がある。

　取引基本契約書や品質保証契約書などにも、購買仕様書と納入仕様書のどちらが最終的に有効とするのかを決めていないことがある。

　購入者は「購買仕様書」で取引きしていると勝手に考えている一方で、仕入先は「納入仕様書」を提出しており、その仕様で製品を納入しているような場合がある。問題発生したときに、「一体どちらの仕様が現実を反映しているの？」ということにならないように、しっかりとどちらが正なのかを明確にしておくことが重要である。

　管理の方法として、どうしても自社が自ら作成する購買仕様書で管理したい場合は、仕入先が納入仕様書を提出してきて、その内容でよいとなったら、それをそっくりそのままコピーして貼り付けて購買仕様書にしてしまう形にして管理するのが、間違いがなくてよいかもしれない。

(2)　仕様書に記載する内容

　それでは一体仕様書にはどんなことを記載するのか？

　一般には、その製品の機能・性能など、必要なすべての事項を抜けなく規定する必要がある。言葉でいうことは簡単である。

　しかし、「必要なすべての事項」が一体何なのかというのが難しい。現実にはすべての事項を規定することなどできない。そこまで思い至らなかったというようなケースもあれば、反対に「そんな当たり前のことまで規定しないといけないなんて思っていなかった」というようなことも多い。

　仕様書に明記される項目は「明示の仕様」、仕様書には明記されていないが、その業界の取引きとしては当然のこととして合意できているものと思われる項目は「黙示の仕様」と呼ばれたりしている。

①　明示の仕様

　まず「明示の仕様」について述べる。この明示の仕様には、技術的な面からの仕様と法的な面からの仕様がある。

　例えば、技術的な面での仕様とは、製品の寸法や外観、特性などを定めたものである。一方法的な面からの仕様とは、何らかの使用上の注意事項やそれが守られなかった場合の免責事項などを規定したものである。

　例えば、鉛筆がこの世の中にないときに、鉛筆のような書くことのできる道具を購入したいと思って仕様を書こうとする人は、おそらくそこに、寸法、外観、色、折れにくさ、どれぐらいの期間書き続けられるなどの技術的仕様を決めるだろう。

　一方、法的な面からは、仕入先から「鉛筆を紙に字や絵を書くこと以外には使用しない」のような注意書きを入れたいという要求があるかもしれない。使用者が鉛筆で「鼻くそ」をほじってケガをするようなことがないように定める仕様である。

②　黙示の仕様

　このようにいろいろなことを考えて、技術的にも法的にも仕様をできるだけ明記するのであるが、考え出すといっぱい出てきて書ききれないことが多い。

　例えば「鉛筆が使用できる温度範囲」「水中や油中で書かれたらどうする」「保存期間」……。とてもすべてのことを想定して規定しきれるものではない。

　当然鉛筆の本来の機能からして、人間が手でもって紙に何かを書くというための道具であるので、人間が通常生活できる温度範囲であり、人間が暮らせる空気中での使用を想定している。また、保存も人間が暮らせるような部屋を想定している。そのためいちいち、使用温度範囲まで仕様書に規定する必要は感じないだろう。このようなものが「黙示の仕様」となる。

　通常は各業界に応じて、明示しなくても当然満たすべき常識と考えているような事項が「黙示の仕様」になる。

③　仕様書に規定していなかった事項

　しかし、ある地方の常識が他の地方での非常識というような話もあるように、自社では当たり前と思っていたことが、仕入先では当たり前ではなく、まったく想像もしていなかったということもある。

仕様書には規定されていなくて、問題が出て初めて気づくということもときどき発生するので注意が必要である。

例えば、日本の市場での100Vの電源入力部分に使う電子回路であれば、明示の仕様は、100V ± 10Vで、周波数は55Hzまたは60Hzかもしれない。しかし、実際には周波数の揺れ幅についての規定も必要だろうし、瞬間的に入るサージについての規定も必要だろう。また日本ではなく、国によってはその振れ幅ももっと大きなものを想定する必要があることもある。そのように使われる環境、条件などをしっかりと仕入先に伝えたうえで仕様を決めることが大変重要になってくる。

以上の仕様書での規定内容の多くは、技術者と法律家にまかされることが多い。しかし調達品の品質管理に携わる者は、この仕様書の書き方や、内容確認のポイント、承認手続き、保管などについてしっかり押さえておくことが、将来の品質問題予防にとって重要であることを心得ておきたい。

(3) 下請法への対応

なお日本では「下請代金支払遅延等防止法」、いわゆる下請法がある。これは当事者間の個別契約がどうであれ必ず守らなければならない強制法規である。購入者の資本金、仕入先の資本金などによって異なるが、資本金の比較的小さな、いわゆる中小企業がその力関係を悪用されて一方的に不当な不利益を被ることを防止するための法律である。その意味では中小企業保護のため、独占禁止法をさらに強化したような法律である。

下請法では、例えば以下のようなことが規定されている。

下請法

① 購入者は下請けに該当する仕入先から商品を受け入れたら、必ず受け入れ検査をして合格か不合格を自ら判定しなければならない(両社が文書で合意していれば必ずしもそのようにしなくてもよいが)。

② 一旦合格として受け入れたら、返品できない。また合格したらある期限までに代金を支払わなければならない。

③ 書面で仕様を取り交わさなければならない。

　自社にとってどのような仕入先が下請法の対象となるか、単に資本金だけでなく、カスタム品であるかどうかなどによっても異なる。下請法の対象を明らかにしておくべきである。

　そのうえで下請け対象となる仕入先に対してはどのようなことに注意が必要かをしっかりと社内でも勉強会を開き理解して対応する必要がある。仕入先との各種契約も下請法の範囲で規定しなければならない。

■■■■■■■■■■ コラム ■■■■■■■■■■

仕事のポイント2　「好奇心をもつこと」

　自分の仕事に一所懸命というのは素晴らしいことです。それ自体は悪いことではありません。しかし他の人の発言、他の人の行動、他の人の仕事にも関心をもってほしいと思います。いろいろな周辺事項に好奇心をもってほしいのです。

　自分の仕事にだけ集中していると、自分がしている仕事の範囲だけに経験が限られます。自分が実体験できることはほんの少しです。もっと体験を増やそうとすると疑似体験するしかありません。ちょうどみなさんが本を読んだり、映画を見たり、誰かの講演を聞いたりするようなものです。そのようなことをしないと経験を飛躍的に増やすことはできません。

　そのような疑似体験を仕事の現場でするにはどうしたらいいのでしょうか？みなさんは、会議中に人の話をしっかり聞いていますか？　パソコンで議事録を書いているふりをして、メールなどを見て内職していたりしませんか？　自分に対して話をしている場合ではなく、他の人が議論している場合でもよく聞いていますか？　職場で誰かが議論をしていたら聞き耳を立てていますか？自分だったらどうするかを考えていますか？　特に若い人はこれらを心がけてほしいのです。

　「あの人はあんなことを言っている、それに対してこの人はこのような反論をしている……自分だったらどう反論するだろう……このようにいうとどうなるのだろう……おや、こっちの人はこんなことを言い出したぞ……それって何のことだろう？　私は知らないな……ちょっとメモしておいて後で調べよう……え！　この人こんな偉そうな言い方して、腹が立つよね……そんな言い方

したら、いくら中身が正しくても従いたくなくなるよね……自分はあんな言い方をしていないか注意しないといけないね……いやーあっちの人は熱弁ふるっているけど、何を言いたいのかわかりにくいね……もう少し整理してしゃべるといいのに……」

というようなことを思いながら人の話を聞いていると、どんどん視野が広がっていきます。どんどん勉強しないといけない分野が見えてきます。どんどん反面教師も含めて自分自身の改善点も見えてきます。どんどん自分の仕事との関連している事項もわかってきます。

会議や職場は学べることだらけです。盗み聞きはよくないことかもしれませんが、オフィスで行われている議論は仕事の議論ですから、どんどん盗み聞きすべきです。そこからたくさん学べます。状況把握できます。

このようにあらゆる場面で、反面教師も含めて、学べることはすべて学ぼうとする姿勢があなたの成長を促します。

こんな名言を聞いたことがあります。

　「凡人が賢人から学ぶことより、賢人が凡人から学ぶことのほうが多い」
このような行動の癖があなたの成長を加速します。

そしてこのように広い視点、異なる視点をもって、振り返って自分の今の仕事をもう一度観察してみると、これまで一所懸命であったときには見えなかった課題や改善のアイデアも見えてくるのです。

次はよくある有名な話です。かなり脚色していますが、だいたい次のような話です。

　ある人が、レンガを積み上げている職人に、「あなたは何をしているの？」と尋ねました。するとあるレンガ職人は、「見てのとおりさ。レンガを積んでいるんだよ」と答えたそうです。次に別のレンガ職人に聞いてみました。すると彼は「ここに教会を作るんですよ」と答えたそうです。

　次にもう一人別のレンガ職人に聞いてみました。彼は「ここに教会を作って街のみんなに集まってもらって、ともに神に祈り、平和で幸福な街を作る中心にしていくんですよ」と答えました。

　これは仕事の目的意識として、より大きな目的を理解することのほうがよい
ことを示すたとえ話ですが、ここで2つの疑問点があります。

　1つ目は、「なぜより大きな目的を理解しているほうがいいのでしょうか？」
という疑問です。2つ目は、「どのようにしたら、このような大きな目的を理
解することができるのか？」という疑問です。

　1つ目に対しての私の回答は次のようなものです。

　一人目のレンガ職人は、レンガを積んでいます。たまたま積もうとするレン
ガが変色していました。でも特に何も考えずにそのまま積んでしまうでしょう。

　しかし二人目のレンガ職人は、そこに教会を作ることを意識しています。そ
して今作業している部分は教会の玄関に当たる部分だということを知っていま
す。となると変色したレンガをその部分に使うのはよくないから、そのレンガ
はもっと見えない部分に使って、同じ色のレンガに差し替えてレンガを積もう
とするでしょう。

　さらに3人目は、ひょっとすると、「なぜそのように変色したレンガがたく
さんあるのだろうか？　なぜそんなに色が違うものができるのだろうか？　レ
ンガを作っている工場に連絡してあげたら、同じ色のレンガを作れるように改
善できるかもしれない。逆にいろいろな違う色のレンガが作れてもっと面白い
ものができるかもしれない。そうするとそのレンガは教会以外の違った建物に
も使えるかもしれない。それができると工場の人たちももっとたくさん売れて
喜ぶに違いない」というようなことを考えて行動するかもしれません。

　ちょっと作りすぎの物語ですが。

　でもこれが大切なのです。同じレンガを積むという作業をしているのです
が、仕事の質、価値がまったく違います。同時に本人の仕事に対する面白さも
まったく違うと思います。

　大きな目的を理解したうえで今の仕事を一所懸命することで、より付加価値
の高い仕事ができる可能性が高まるのです。これが1つ目の疑問に対する私の
回答です。

　2つ目の疑問に対しての私の回答は次のようなものです。

　仕事の大きな目的を知るのに一番簡単な方法は、上司や先輩に、その仕事の
目的を聞くことです。「なるほどそうか」と理解し感動すれば大成功です。し

かし残念ながら、そのようにして理解したつもりの大きな目的と、自分の仕事の関係がすっきりと腹に落ちるという状況になることは、なかなか現実には難しいことが多いのです。

そのとき、最初に言った「好奇心をもとう」を実践していていると、周囲が見えていますので、自分が上司から聞いた大きな目的と照らし合わせて、どのような関連があるのかというような視点から考えてみることができるのです。そうすると、だんだんと大きな目的が具体的な仕事や作業とどのように関連しているかが見えてくるのです。

これが2つ目の疑問に対する私の回答です。ぜひみなさん、特に若いみなさんは「好奇心」をもって仕事に励んでください。

第3章

量産段階における調達品の品質保証

3.1 自己防衛的手段

3.1.1 受入検査

(1) 受入検査とは

　品質管理において基本的なことは、「最初に正しく行う」ということである。調達品の品質管理においても、購入する部品・材料の品質はしっかり仕入先が保証できるようにしておくことが一番である。

　しかし、現実にはそれだけで品質保証できないことも多い。念のためという対応も必要である。それが購入する部品・材料に対しての自社での自己防衛手段としての各種確認事項である。

　確認事項の第一が受入検査である。

　一般的に受入検査では、納入された部品や材料が、規定した基準内に入っているかどうかを、自社で確認する。コストも時間もかかるので、本来は実施したくない。極力仕入先の品質保証を確実にしてもらい、自社は無検査で受け入れて、すぐに工程に払い出すような流れにしたいのが本音である。しかし仕入先に品質保証を任せているのではリスクが高いと判断するような場合は、何らかの受入検査を行う必要が出てくる。

　受入検査にもいろいろなやり方がある。一般的に、直接検査、間接検査、委任検査などの種類に分類されていることが多い。

　直接検査とは、購入した部品・材料から抜き取りまたは全数を、自ら測定したり目視確認したりする検査である。間接検査とは、実際の検査は仕入先に任せ、その検査結果とデータを送付してもらって（通常は入荷ロットに添付してもらうか、電子データで送付してもらう）自社でそのデータを確認することで、検査の代用とする方法である。さらにその間接検査もしないで、すべて仕入先

の出荷検査にお任せする方法が委任検査となる（実際には無検査であるが、仕入先への意識づけも含めてこのような言い方をしている面がある）。

(2)　直接検査

　直接検査では、その部品・材料の外観や特性を検査する装置をそろえる必要がある。また、検査作業を行う検査要員の育成も必要である。通常外部からの購入品は自社で生産していない。そのため、検査装置は受入検査のためだけにそろえる必要があり、投資効果を得にくい。また検査した対象物は、破壊検査の場合は当然使用できなくなる。非破壊の検査であっても、元の包装状況を破壊するため、自社量産工程へ投入する部品・材料としては使用できなくなる場合もある。

　半導体などのような複雑な部品の場合は、直接検査として、部品そのものを測定しようとすると、大変特殊な装置が必要で、大きな投資を伴うことが多い。

　また検査員に特別なスキルが必要な場合もあり、なかなか部品そのものを検査するということは困難であることが多い。そのような場合は、部品そのものを直接検査するのではなく、自社製品で、はんだ付けしなくても部品を差し込むだけで特性が出る標準検査冶具なるものを作っておき、そこに部品を差し込んで、自社製品の特性を確認し、部品の良否を判断するやり方も可能である。

　もちろん、このとき本当に部品が基準値に入っているのかどうかという正確な判断はできない。大きな問題がないかという程度の確認になってしまう。どのような方法をとるにせよ相当な手間がかかることを覚悟する必要がある。

　仕入先の品質保証がどの程度信用できるか、万が一品質問題が発生した場合の自社での発見の可能性の大小、影響の大きさなどを天秤にかけてこの直接検査を導入するかどうかを検討することになる。

(3)　間接検査
①　間接検査での問題点

　間接検査は自社のコストという点では大幅に軽減することができる。間接検査では、提出された仕入先が実施した検査データを確認することになる。仕入先が不合格の検査データを送ってくることはまずない。よってただ単に送付さ

れた仕入先の検査データを見るだけであれば、性善説に基づいて安心できるだけであり、データを改ざんするというような不正も見つけることができない。間接検査で重要なことは、仕入先がどのような測定方法でどの部分を測定しているかなどをきちんと確認のうえ、自社との相関もはっきりさせておくことである。

仕様書などで規定しているはずだといっても、実際には解釈の違いなどがあって異なった部分を測定してしまっていたり、測定方法が違っていたりと、自社の思いとは異なる検査をしていることもある。立ち合いのうえ、仕入先の検査の実態を確認することが必要である。

例えば、金属や樹脂の成型品の寸法測定などは、仕様書の図面に記載している部分が、実際には直接測定不能の場合もある。そのため仕入先は、異なる複数箇所を測定して、それらから足し算や引き算などをしたうえで求めているような場合もある。

測定も、ノギスやマイクロメータでやっていると自社では思っていたが、実際には投影機で行っていることもある。投影機の場合には、サンプルの保持方法が測定値に大きな影響を及ぼす。このような部分をあいまいにして、仕入先から提出されたデータだけを信用していると、あとで痛い目に合うことがある。

② 間接検査は定期的な確認を

実際の仕入先での測定現場を確認して、正確に測定箇所や方法を相互に共有化したうえで、ときどき仕入先のデータが自社での測定データとずれがないかを、定期的に確認するなどの対応が必要である。

長期間変えていないはずと思っていた検査方法が、いつの間にか仕入先の中で変化してしまっているなどのことも起こり得るからである。このようなことによって間接検査もより意味のある検査になる。

自社製品の初期品質には表れにくく、寿命などの信頼性に影響を与えるような部品・材料の特性の場合は、特に注意が必要である。そのような部品・材料の特性項目を明確にし、その特性の検査方法も明確にし、仕入先でしっかり出荷検査をしてもらうようにしなければならない。その特性が直接検査できないなら、何らかの代用特性で確認できる工夫をする。あるいは、部品のDPA（破壊分析）などでの確認や、部品の信頼性試験評価およびそのあとのDPAなど

の工夫が必要かもしれない。

　また、それらの検査が仕入先で確実に実施されているということを確かにするために、データと一緒に検査を実施したサンプルも提出してもらうことなども必要となるかもしれない。いずれもコストがかかるやり方であるのでよくよく技術者が深く入り込み、どんな特性を確認するのがよいかを見つけ、検査方法を工夫し、どのような頻度で確認を行うかなどを検討したうえで自社、仕入先で合意して実行する必要がある。

　このようなコストや時間のかかる検査は、品質の安定性が確認されたり、仕入先工程の管理状態の高さが確認されたりしたときには、検査を簡略化したり廃止したりするようなことも必要になってくる。

　仕入先の工程管理が非常に頼りなく、心配な場合は、上記のようなでき上がった製品を検査することだけでは危険である。

　そのような場合は仕入先の工程の管理パラメータの確認記録を定期的に提出してもらう、あるいは極端な場合、リアルタイムで自社でも確認できるように仕入先の重要工程にカメラを設置して遠隔から監視するような仕組みも必要かもしれない。

　もちろん、こんな工程の管理パラメータを直接見せてくれるような仕入先は多くないだろう。よほど自社との連携が強い協力的な仕入先、または何らかの大きな品質問題を起こした場合の暫定的な処置として行うような内容になるだろう。さらには場合によっては仕入先の工程に自社から誰かを派遣して常駐させて、工程管理状態を常に確認しなければならない。場合によっては検査に立ち会うようなことも必要かもしれない。

　なお、受入検査は、基本的に受け入れロットごとなど、何らかの周期で行うことが多い。それぞれの検査単位での合格・不合格の判断は当然するが、個別の検査結果をできれば定量的に記録し、グラフ化するなどを通じて経時変化を監視していくことも大切である。それにより、何らかの傾向や突然の変化を読み取ることができる場合がある。そのような場合は、たとえその検査ロットは合格であっても、工程に何らかの変化が生じている可能性があるので、早い段階で仕入先に連絡し原因の調査や今後の不具合発生の可能性などに関する打ち合わせをし、問題発生を未然に防止できる可能性がある。

⑷ 委託検査

委託検査は、完全に仕入先の検査に任せることになる。もちろんこの場合でも、「⑶間接検査」で述べたことと同様の確認は重要である。下請法対象となる仕入先の場合は、別途文書による契約書を取り交わし、仕入先に検査を委託することを明確に合意しておく必要があることに注意されたい。

3.1.2 工程内確認
⑴ コストをかけない工夫

3.1.1 項「受入検査」で述べたように、受入検査は大変コストがかかる。検査の種類によっては、破壊検査になるなどの理由で、全数検査ができないことも多い。防衛的な手段としては有効であったとしても、実施はできないという場合も多い。

これを補完するのが工程内確認である。実際に入荷した部品・材料を使用する自社の量産工程での工程内確認は大変重要な防衛手段となる。

ただこの工程内確認も検査のようにわざわざ確認作業を追加してしまうと、大幅なコストアップとなる。コストがかからないような工夫が重要である。

例えば、ある部品を組み付けるときに、その部品が滑り台を通って作業者の手元に来るように仕掛けられていたとする。その場合、途中に通り止まりゲージを仕掛けておけば、寸法公差に入らないものが自動的に見つけられる全数検査になる。しかも、コストはかからない。この事例は大変極端なわかりやすいものであり、実際にはそんな簡単なやり方でできる場合は少ない。いろいろ工夫をして極力自社量産工程内での作業の中に、うまく部品・材料の全数チェックが組み込めると大変有効な自己防衛となる。

⑵ 作業者の感性を大切にする

このような非常に有効でコストのかからない自己防衛的手段が取りにくい状況であっても、作業者の感性は大きな力になり得る。作業者の「何となくいつもと違う」という感覚である。

毎日、何千、何万もの同じものを見て同じ作業をしている人間は、大変鋭い感覚をもつものである。いつもと違うな、何か変だな、と感じる力には驚異的

なものがある。この感覚を大事にして、しっかり班長などの現場の上司に報告・相談を上げてもらうようにすることが重要である。

　もちろんそれをどこまでしっかり調べてフォローするか、記録に残しておくかなどの基準は難しい。しかし決して「いつもと違う」ということを報告してくれた作業者に「違わないじゃないか。いちいちそんなこと報告しなくていいから作業を続けなさい」というような発言を上司がしてはいけない。せっかくの異常を発見する感度を落としてしまうことになる。管理・監督者は注意が必要である。

　このような現場でのちょっとした気づきを、どれだけ吸い上げ、フォローしていくかということが現場での異常検出力を高めることになる。

　もちろんこのような作業者の感性だけに頼ることは危険であるが、最後の防衛策として、また大変有効な異常検出方法として大事にする必要がある。近い将来には、製品そのものや作業そのものを画像で捉えて、AIによる分析によって、いつもと違うという状況を検出して異常を知らせるというような工程管理もできるようになるかもしれない。もちろん異常が検出されても、何がいつもと違っていて、何が原因かまで見つけることは容易ではないだろうが。

(3)　検査の位置づけ
①　でき映え検査

　ちょっとここで話は本筋から外れるが、検査の意義について述べておきたい。ここでいう検査は、仕入先から入ってくる部品・材料の受入検査という意味ではなく、一般論としての検査である。自社内で行う検査も仕入先内で行っている検査のいずれも含む。受入検査というよりどちらかというと、工程内検査や最終検査などのでき映え品質を確認する検査一般についての話である。

　検査は、製品に対して付加価値をつけることはない。逆に検査をするために製品をハンドリングするため、ストレスをかけることになっているぐらいである。そのように品質保証の視点からしても、コストの視点から見ても、検査はできるだけ簡単に行いたい、さらには廃止したい対象となる。

　そもそも製品を製造するときに、どのようにしたら意図したものができるのかという、「良品を作るための条件」がすべてわかっていて、それらの条件が

すべて守られているならば、理論的には必ず良品ができるのであるから、でき上がったものの検査をする必要はない。

しかし現実には、良品を作るための条件がすべて明確にわかっていることはあり得ない。もちろんほとんどの部分がわかっていないと製品が作れないし、それを明確にするのが、工程設計なので、実際にはほとんどわかっている。しかし100%完璧ではないのが現実である。

そのためまだ把握していなかった良品を作るためのある条件が、どこかに存在していて、それが何らかの原因であるときに変化したことによって、意図する「でき映え」にならないという可能性がある。そのためどうしてもでき映えを確認するという検査を行う必要があるわけである。

またもう1つでき映えの検査を行う理由として、良品を作るための条件としてわかっているものであっても、実際その条件が基準値以内に入っていることをすべてに対して確認できているわけではないから、結果系であるでき映えを確認する必要がでてくるのである。

このような趣旨のために検査を行うのである。確かに検査は付加価値を生まない作業ではあるが、条件系のほうの管理が完璧でない中で、結果系に対しての保証をする必要があるために行う作業であることをしっかり認識しておくべきである。

②　抜き取り検査か全数検査か

この結果系の確認をする検査が、全数に対して行うのか、抜き取りで済ませるのかも、重要な判断である。

確認する結果系の重要性にもよるが、結果系の品質がどのようなばらつきをするのかということが理論的にしっかり予測できるのであれば、抜き取りということもあり得る。

例えば、よく工程能力指数 C_{pk} 値が1.33以上なら工程能力は十分あるとして、検査を省略することができるなどということが品質管理の本には書かれていることがある。これはそのような工程能力なら規格外れがほとんどないという統計的推定からくる結論である。しかし、この統計は正規分布を前提としている。

何らかの棒を一定の長さにカットするような工程であれば、カットされた長さ

は正規分布に従うという理屈が実際にも適用されることもあるのかもしれない。

　しかし、現実の工程では突発的に発生するような問題もある。そのようなときに生産された製品は、たとえ工程能力指数が高くても規格外れとなる可能性が高い。先ほどの例のような、棒をカットするような単純な工程ですら、刃が欠けたり、異物をかんだりするような突発的に起こった異常による不良があり得る。

　そのため、たとえ工程能力指数が十分高くても、突発性不具合が生じる可能性が否定できない場合は、抜き取りではなく、全数検査を行う必要がある。

③　検査は完璧ではない

　もちろん検査作業そのものが完璧に行えるということもあり得ない。特に全数検査となると、電気検査や機械検査などのような検査のように、機械化・自動化できれば、ほぼ100％完璧な検査が可能な場合もあるが、人間による目視検査のような場合は、見逃しもあり100％保証は困難である。さらに信頼性性能などのような破壊検査となると当然100％確認は不可能である。

　条件系の管理は100％ではないため結果系の管理としての検査を行う訳である。しかし結果系の管理である検査も100％ではない。いずれも100％でないという中で、どちらをどの程度のウエイトをかけて行うかという工程設計が品質保証上、重要になる。仕入先がこのあたりをどのように考えて工程設計しているか、自社も確認する必要がある。

　保証する必要のある部品の各特性を洗い出し、「それぞれの特性を作り込む工程での条件系の管理に何があって、それをどのように管理しているか？」、さらには「作り込んだ結果系としての特性に何があって、それをどこの工程でどのようにして確認しているか？」「その確認は抜き取りなのか全数なのか？」……。

　こういった内容は当然 QC 工程図などに反映されている内容であるはずである。しかし特別にこれらだけを取り出してまとめて、全体を見えやすくすることも重点部品に対しては行う価値がある。

3.1.3　自社製品の不具合解析

⑴　なぜ不具合解析をするのか

　自社の生産工程で発生した、検査不合格品や工程での不良品は、通常品質保

証部門や技術部門が、社内の不具合処理規定に基づき、不具合症状の確認、不具合品の解析、原因究明、対策などの処置がとられる。

この不具合処理の目的はいろいろあるが、重要な1つとして不具合が、「多発性のある不良ではないか」「経時変化的不良はないか」などの、危険な不具合モードがないかどうかの確認がある。

もちろんそれ以外に、慢性的な不具合症状などの場合は原因を解明し、対策を取ることによって、不良率を低減したり、直行率を向上したりするためでもある。

(2) 部品・材料に起因する不具合

このような不具合処理の中で購入部品・材料が原因で不具合が生じているのが見つかる場合がある。そのような場合は、その部品・材料の不具合を仕入先に不具合解析依頼をしたり、自社でも解析したりする。もちろん多発している場合は緊急の対応となるし、もしその不良モードが大変再現性が悪いケースや経時変化を起こすようなモードの場合も緊急の対応が必要となる。

一方、パラパラと出る同一モードの部品不具合の場合は、慢性的なものとなり、なかなか改善が進まないようなものもある。半導体の静電破壊などは典型的な例である。このような不具合については、第4章で述べるような仕入先との共同での品質改善プロジェクトを行うような課題となる。

「危険な不具合モードがないかどうか」というような視点から、自社製品の不具合は全数解析して原因を究明し、自社工程や設計へのフィードバックはもちろん、仕入先にもフィードバックして改善を進めていくことが原則である。ただし、自社製品の製造不良率が高く、不具合数量が大量な場合は、全数解析できないので、不良モードごとにまとめて、そこから代表サンプルを抜き取り、解析してすませることもある。

いずれにせよ、工程での不具合品は貴重な情報源であるので、最大限の活用をするように心がけるべきである。

3.1.4 定期試験での解析

「定期試験での解析」は部品認定のところで述べたことと同じであるが、量

産品として継続して納入されている部品・材料についても、初期の部品認定で行ったような環境性能評価試験や長期信頼性試験を定期・不定期に行って確認する。

　そのことによって部品・材料の何らかの実力値の変化を見つけ出せる可能性がある。また、自社製品についても、同様に定期、不定期に何らかの特別な環境負荷試験や信頼性試験を行うことも有効である。これは通常の量産工程では、検査していない項目や、環境負荷をかけた後での性能確認などの信頼性評価であり、製品性能の検査でもある。こういったことを定期試験と称して実施することは当然コストとの兼ね合いではあるが、長期間の品質の変動を見つけるうえで有効である。

　このような部品・材料の定期検査や自社製品の定期検査で発生した不具合はもちろん解析を行い、原因究明をする必要がある。原因によっては自社製品の工程や設計にフィードバックしたり、仕入先にフィードバックしたりして改善を促す必要がある。

　また、環境負荷試験のような信頼性試験を行った後の部品・材料や自社製品は、たとえ不具合にならなくても、劣化しているところがないかを確認し、劣化箇所があればその原因や、劣化程度の実力の変化がないかどうかなどの確認もできると有用である。自社製品の劣化が部品・材料の原因で発生している場合は、同じく仕入先にフィードバックして改善を共に検討する必要がある。

3.2　不具合発生時の対応

3.2.1　不具合発生時の初期対応

　不具合は必ず発生する。どんなに努力していても交通事故が発生するように、品質事故も発生する。もちろんできるだけ発生しないように管理をするのが品質管理であるが、発生してしまうものである。それならば発生した後の対応を極力適切に行い、被害を小さくするような対応を取ることも重要である。さらには不具合発生から極力多くのことを学び、類似問題の再発防止、気づいたことを新たな問題の未然防止につなげる姿勢が大切である。そのことによって品質保証のレベルが一段向上するのである。本章ではそのような話をしたい。

　これは経験則であるが、品質保証体制があまりしっかりしていない仕入先は、しょっちゅう不具合を出しており、大変手間がかかる。これはこれで困りものである。

　一方、品質保証体制がしっかりしている仕入先は、めったに不具合の発生はないので日ごろ任せておくことができ、手間もかからずありがたい。しかしいったん不具合が発生すると大変大きな問題であることが多い。

　品質保証体制がしっかりしているからこそ、仕入先での不具合発生自体が少なく、仕入先内で不具合を検出して流出させない体制ができているのであろう。しかし、そのようなしっかりした品質保証体制をすり抜けて発生し流出してくる不具合は、大抵、経時的変化を伴うものであったり、再現性の悪い不具合であったりすることが多い。そのため大問題となることが多いのである。

　いずれにせよ、不具合発生があった時点で、関係者が協力し合って、スピーディに対応できるようにすることが大切である。

　不具合発生時は、緊急度が高く、同時に多くの人が同時並行で動き、次々に新たな情報が出てきて、そのたびにしかるべき判断をして、次の打つ手が変わる。そのため混乱を生じ、後手に回ったり、効率の悪い対応になったりしがちである。それをできるだけ少なくするために、以下に自分の経験から重要と感じている不具合対応の原則を述べておきたい。これは部品・材料に起因する不具合対応だけでなく、ほぼあらゆる品質不具合への対応でも同じである。

　まず不具合対応の初期的段階での対応を中心に述べる。

(1)　不具合の発見
①　不具合の各種発見箇所

　不具合処理がスタートするのは、不具合の発見からである。この不具合の発見箇所は、部品・材料に起因する場合には、以下のケースが考えられる。部品・材料に起因せず、自社に起因する場合は下記の 1) と 2)-1 がなくなるだけで他は同じである。

不具合の発見

1)　仕入先から連絡があった場合

---

2)　自社内で発見した場合
　2)-1　自社の受入検査
　2)-2　工程内(中間検査、最終検査、工程内異常、不具合解析　など)
3)　顧客が発見
　3)-1　顧客の受入検査
　3)-2　顧客の工程(中間検査、最終検査、工程内異常、不具合解析　など)
4)　顧客の先
　4)-1　顧客の顧客
　4)-2　市場

以上いろいろな最初の不具合発見がある。下に行けば行くほど厄介な問題となるケースが多いが、その後の処置などの対応は同じである。ただこの発見場所によって、その後の対応の対象範囲、連携範囲が変わり、判断事項も変わってくる。

②　自社内で発見した場合

例えば、自社内で不具合を発見した場合を考えてみよう。自社内での検査で検出できる再現性の高い不具合の場合である。以前からその検査を全数に対して行っていたようなケースでは、顧客への流出の可能性はほぼ0であることが推定できる。よって顧客への連絡はもちろん、完成品在庫や流通在庫の回収、再検査などは不要と判断でき、自社内、自社と仕入先の間で対応すれば事足りる。

しかし、そのような不具合であっても、自社でそのような検査をしていなかった場合や抜き取りでしか行っていなかった場合には、過去に生産した自社製品が顧客に行って使われている可能性が高い。

不具合の致命度や発生率、さらには顧客の製品での症状や市場不具合の可能性によっては、顧客への連絡、自社製品の回収、顧客製品の修理などの対応を取る必要が出てくる。これは顧客に多大な迷惑をかけ、大変な労務をかけることになる。それでもやる必要があるほどの不具合なのかどうか、致命度や発生率を考慮した判断をしなければならない。

③ **顧客が発見した場合**

しかし、同じ不具合でもこれが顧客によって発見されたとすると、すでに顧客は知っているので、顧客まで巻き込むべきかどうかという判断は不要である。当然顧客と連携を取って動くこととなる。

もう1つ、この不具合の発見時に重要なポイントがある。少数の不具合の重大性を見きわめる感性である。

不具合が大量に発生した場合は、すぐに大騒ぎになり、一気に注目をして対応を始めるだろう。しかし不具合が1つだけ、あるいは2つなどごく少数発見されたときに、それがどれほど重大な問題となる可能性があるのか、大した問題とはならないのかを見きわめる感性である。これは大変難しい。これについては「(2)不具合現象の確認③不具合の発生比率」で述べたい。

④ **部品・材料に起因する不具合の連絡**

部品・材料に起因する不具合の場合は、不具合発見が「仕入先からの連絡」の場合を除いて他の場合は、いずれも自社のほうが先に知ることとなる。そして何らかの手段で仕入先に連絡して仕入先を巻き込んだ対応が開始される。

仕入先への連絡は「(2)不具合現象の確認」で述べるように、不具合の致命度、検出容易性、発生率、発見場所などによって、どのような緊急、重要度で行うかが変わってくる。緊急度・重要度が低い場合は、自社が定めている連絡書に、不具合サンプルをつけて仕入先へ送付するだけでよいかもしれない。

しかし緊急度・重要度が高いと判断した場合は、「サンプルなどは赤帽などで送る」「仕入先の営業担当者にすぐ取りに来てもらう」などの処置が必要である。

そして、すぐに仕入先の品質保証責任者などに電話連絡して緊急度・重要度を伝えるとともに、サンプルが到着するまででもできる各種調査をすぐ開始してもらうよう依頼することも重要である。

場合によっては、不具合サンプルを自ら仕入先へもち込んで、一緒に解析するということも必要かもしれない。

(2)　不具合現象の確認
①　不具合の致命度

　不具合症状がどの程度の致命度をもつものなのかの判断である。

　部品・材料としては規格値を外れており不具合であるが、自社製品に使用しても まったく問題がないというレベルであれば、大変軽微といえる。この場合には特に自社製品に対する処置を行わないという判断もあり得る。仕入先での流出防止策や発生防止策の確認だけか、規格値の見直しなどの対応となるだけであろう。

　しかし部品・材料の不具合が自社製品での重大な不具合を生じる、あるいは自社の顧客でも問題になる恐れがあるような場合には緊急の対応が必要となる。3.2.2項「不具合発生時の中期対応」で述べるような、対象範囲の明確化、製品への処置などを至急取る必要性がある。

②　不具合の検出容易性

　不具合の検出容易性とは、その不具合が仕入先、自社、顧客などの検査、工程で、また市場での使用中などに、どの程度容易に発見されるかということである。

　自社工程で100％検出できるようなタイプの不具合の場合は、もしその検査を自社工程で以前から全数行っていたのであれば、後工程に流出していないはずである。たとえ致命的な不具合であっても、対応は自社製品や仕入先に限られる。また、その不具合検出が顧客の工程であったとしても100％検出可能であり、以前からその検査を全数行っていたならば、顧客には迷惑をかけることになるが、市場に出てしまうことはない。

　そのため、顧客工程で不具合を落としていただくということで当面の対応は可能である（もちろん大量に不具合が発生すると、「③不具合への対処と発生比率明確化」で述べるように生産効率が落ちる。また、生産数量が確保できなくなり、納期問題や労務工数問題などの別の問題を引き起こす）。

　不具合の検出が容易であっても、そのような検査方法を「以前は抜き取りでしか行っていなかった」「まったく行っていなかった」とすると、すぐに全数検査を導入するとともに、過去の出荷分に対して処置をとる必要がある。

　不具合の検出が上記のように容易な場合はまだよいが、難しい場合は対応が

相当難しくなる。不具合検出が難しい場合には次の3種類ある。

不具合検出が難しいケース

① 部品単品であれば容易に検査できるが、自社製品に組み上げた後では、検出が困難であり、特別な工夫を要するようなケース

② 再現性の悪い不具合

③ 経時劣化不良

---

1) 自社製品として組み上げた後の検出が困難な場合

まず1つ目のケースは、たとえ部品の不具合があっても、自社製品の検査では不具合症状が検出できない場合である。この場合、「不具合部品を使用した自社製品が顧客で使用されたとしたときにどのような不具合になるか」をしっかり評価する必要がある。

もし顧客では不具合になるのに、自社工程では検出できなかったという場合は、至急自社製品で検出できる方法を見つけ出し、導入する必要がある。

もし顧客でも不具合とならないのであれば、それは部品への過剰仕様となっていたという可能性もあり、仕様の見直しが必要かもしれない。もちろん冗長設計をしているために不具合症状が出ないというようなことであれば、部品の不具合は冗長性をなくしてしまっているということである。

顧客製品で不具合が出る場合と同様、大きな問題であるので、不具合含有率によっては全数回収修理ということも必要になるかもしれない。このあたりの見きわめが重要となる。

2) 再現性の悪い不具合

2つ目の再現性の悪い不具合の場合は、一般に「ヒートショックをかけてみる」「振動を加えてみる」「湿度を高めてみる」などの物理的ストレスによって再現することも多い。

例えば高温状態ではよく再現する場合や、振動中に不具合症状になりやすい場合などである。そういった場合適当なストレスを一定期間負荷することで再現性を高め検出性をあげるという工夫も必要となる。例えばヒートショックを10サイクル程度かけた後で検査してみるなどの工夫である。さらには高温

中で検査する、振動中に検査するなどの工夫が必要かもしれない。その場合でも、どの程度検出できるのかが大事なポイントとなる。

3）　経時劣化不良

3つ目は、経時劣化不良である。時間経過とともに何らかの劣化が生じ不具合となる場合である。経時劣化不具合は当然初期的に検出できる方法は、ほぼない。原因がわかり、その原因が生じる時点での検査という事なら方法はあり得るが、でき上がった部品や自社製品での検出はほぼ不可能である。

　一般に経時劣化不具合は、再現性も悪いことが多いが、単に再現性が悪いというだけでなく、ある程度経時劣化したモノでないと不具合症状がでないので、どのような時間経過でどの程度の頻度でどのような致命度の不具合が発生するのか、信頼性技術的なアプローチで解析を進める必要がある。

　したがって、故障時間を推定したり、故障の発生率を推定したりと大変困難な課題をこなす必要が出てくる。そして多くの場合、このような経時劣化による不具合は市場で使用中に発見されるので、市場回収についての判断まで必要になることが多い。

　大きな損害・信用失墜になることも多く、早急に不具合原因の究明を行い、劣化メカニズムを明確にし、どの程度の時間経過でどの程度の比率で、どの程度の致命度の不具合が発生するのかという予測をできるだけ正確に行う必要がある。それらの程度によって、「市場回収を行うのか」「故障発生時の都度対応で進めるのか」「静観するのか」などの処置・対応を顧客（BtoB の場合）と一緒に、または自社で（BtoC の場合）判断しなければならない。

③　不具合の発生比率

1）　不具合の発生率が高い場合

　「不具合がどの程度の数量発見されたのか」は、上記の不具合の致命度、検出容易性とともに、次の動きの緊急度を決める大きな要素となる。

　致命度が低く、検出が容易な場合には不具合が１個発見された程度では大きな問題として捉える必要はないかもしれない。しかし発生率が非常に高い場合には、それを全数検査して不具合を除去すると、良品の数量が確保できず、生産や納期に支障をきたすことがある。

　このような場合は、納期問題として顧客に迷惑をかけることになる。最悪は

顧客のラインを止めるようなこととなり、大きな損害賠償の対象となる可能性もある。

2)　不具合の発生率が低い場合

致命度が高い不具合は、たとえ1個の不具合であっても、早急な対応を取る必要がある。不具合の発生する可能性のある範囲を厳密に確定し、その範囲の対象品を早急に回収し修理する必要がある。そのためにも原因も早急に確定する必要がある。

また不具合の再現性が悪い場合や経時劣化が疑われる不具合は、範囲を特定するにも、発生率を推定するにも、致命度の高い不具合と同様、ある程度の原因が想定できていないとできないので、早急に原因究明する必要がある。

経時劣化の場合、すでに市場へ出してから数年以上経って発生しているのであれば、もうあわててもどうしようもないかもしれないが、まだ現在も生産を続けているような製品で比較的短時間での市場不具合が発生した場合は、被害を小さくすることのできる可能性があるので、すぐに行動すべきである。このように1個目に発見した不具合の症状によって、緊急の対応レベルを決めることになる。

その後、不具合発生原因や流出原因が次第に絞られてくるに従って、推定する不具合発生率はより正確となり、市場や顧客からの製品回収や完成品・仕掛品の手直しなどの判断材料として重要となる。

3.2.2　不具合発生時の中期対応

(1)　不具合対象範囲の明確化

不具合が発生した場合には、3.2.1 項「不具合発生時の初期対応」に示した初期対応に引き続いて、または、ほぼ同時に対象範囲の明確化を行う。不具合の発生原因や流出原因が明確であれば、それによって対象範囲を明確にできる場合が多い。

しかし、不具合発見直後では、原因がまだわかっていないことも多く、そのような場合は、部品製造や自社生産品の履歴調査を行い、不具合発生率との対応というような疫学的方法で対象範囲を推定するしかない。

疫学的方法とは、例えば、「仕入先での部品の生産履歴」「自社での生産履歴」

ごとに、抜き取りや全数でその検査をして、不具合が発見される対象と発見されない対象を層別し、そこから対象品を絞り込むというような方法である。

　もちろん、絞り込みを行う対象の範囲によっては、顧客製品の一部回収や市場品の一部回収による調査などまで含まれることもある。このやり方は原因究明の疫学的方法としても使える。

(2)　不具合検出方法の明確化

　今回発生した不具合が以前からすでに行っていた検査で検出できていたのであれば大きな問題がないことが多い。しかし以前のやり方では今回の対象の不具合が検出できていなかったような場合には、早急に不具合を検出する方法を見つけ出す必要がある。

　再現性が高い初期不具合の場合には、部品の段階、自社製品の仕掛や完成品の段階で、さらには顧客の製品の段階で何らかの検査ができるように方法を明確にする必要がある。

　それができない場合や、再現性が悪い不具合や経時劣化の場合のように確実な検出方法はないという場合には、「工程や出荷をすべて止める」そして「確実に良品として使用してよい部品が限定できた時点でリワーク（手直し）する」というような処置を施すしかない。これは相当シリアスな問題となる。

(3)　原因究明（発生原因・流出原因）

　原因究明は、当然発生原因と流出原因に対して行う必要がある。それも仕入先での発生原因・流出原因はもちろん、自社から顧客に流出している場合であれば自社での流出原因究明も当然必要である。

　原因究明の方法論詳細は別途その専門書籍に譲るが、不具合品そのものを解析して不具合のメカニズムを明らかにしていく故障物理的方法（不具合の発生原因や過程を物理化学の理論に基づいて解明していく方法）と、製品の生産履歴や不具合情報などのデータを層別することで想定原因を明らかにしていく疫学的方法の両面から同時に行うことが肝心である。

　通常、原因究明は仕入先に任せることになるが、不具合の影響が大きい場合や緊急度が高く、「仕入先に任せていると時間がかかり被害が大きくなる場合」

や「仕入先の不具合対応能力が不安な場合」には、自社も自ら不具合部品を解析するなどして原因究明する必要がある。場合によっては仕入先の工場に入り込んで一緒に立ち合い解析をする、疫学的調査を支援するなどが必要である。その不具合が発生した原因にもよるが、不具合流出原因について以下の観点からの究明が必要である。

不具合流出原因究明の観点

① 不具合発生時点での工程での検知がなぜできなかったのか。

② その後の各種工程内チェックや検査工程でなぜ検出できなかったのか。

③ もし不具合が自社の顧客にまで流出している場合は、自社工程でもなぜ検出できなかったのか。

これは「(2)不具合検出方法の明確化」で述べたことと表裏一体である。

なお、当然であるが、「仕入先が究明した原因やメカニズムが論理的に納得できること」「データや再現実験などで納得できるものであること」の確認が必要である。

場合によっては並行して自社でも解析し、仕入先が報告してきた原因やメカニズムと一致しているかどうかという確認をすることも重要である。また、そのメカニズムで再現させることができるなら、より確実に真因であると確証できる。

(4) 暫定策

流出防止のための暫定策、および発生防止のための暫定策をとる必要がある。暫定策は、まだ発生原因や流出原因が明確になっていない段階や、恒久策がまだ打てていない段階での対策である。

流出防止のための暫定策においては「(2)不具合検出方法の明確化」で述べた検出策をできるだけ早急に実行する。もちろん仕入先、自社の双方で流出防止を行う必要がある。

仕入先で確実な流出防止策がとられ、すでに自社製品で不具合が出る可能性

がないと明確になった時点で自社での暫定策は不要になる。同様に、自社での不具合流出防止策が確実となった時点で顧客での暫定策も不要になる。

　しかし、その暫定策が「大変危険である」「大きなコストがかかる」という場合を除き、安全のために確実に発生原因がわかり恒久対策もとれ、安定した品質が継続的に生産できることが確認できるまでは暫定策を継続するほうがよい。

　検出が難しい不具合は「(2)不具合検出方法の明確化」で述べたように流出防止の暫定策は難しい。100％確実でなくても、やらないよりやるほうがよいが、検出性が低く、不具合が致命的であれば、「生産や出荷を止めるしかない」というケースも多い。

　発生原因に対しての暫定策は、まだ発生原因が確定していない場合には、限られたものとなる。疫学的な方法や故障物理的な方法である程度の発生原因が絞り込まれてくるのに応じて、発生原因に対しても暫定策を拡大していくこととなる。

　例えば、ある号機の設備で生産したモノだけに不具合が発生しているというような履歴が確認できたのであれば、「当面その号機の使用をやめる」というのも暫定策である。

　もちろん、「その号機で製造された部品ロットの使用をやめる」というのもよい暫定策である。

(5)　暫定処置

　以上の発生防止暫定策、流出防止暫定策を、以下の1)〜4)の対象物に対してとる必要がある。そしてそのためには、工程の組み換え、製品の回収、出荷停止、それらの処置のための生産計画調整、顧客との納期調整など付随するたくさんの業務を同時並行に手分けして進める必要がある。

　また、顧客や自社の生産計画との兼ね合いの中、生産ラインを止めないために、部品や自社製品の選別作業などを、倉庫や顧客のラインで行ったり、仕入先から、自社から作業要員を捻出して特別選別作業のラインを組んで行ったり、など、多くの部門を巻き込んでの対応が必要である。

1)　部品に対する処置

　　1)-1　仕入先での新規生産への処置

    1)-2　仕入先での仕掛品への処置

    1)-3　仕入先完成品在庫、流通在庫への処置

    1)-4　自社での部品在庫への処置

2)　**自社製品に対する処置**

    2)-1　自社新規生産への処置

    2)-2　自社仕掛製品への処置

    2)-3　自社完成品在庫への処置

    2)-4　自社完成品の物流過程状態への処置

    2)-5　自社完成品の顧客での未使用状態品への処置

    2)-6　自社完成品の顧客での使用中品への処置

3)　**顧客製品に対する処置**

    3)-1　顧客新規生産への処置

    3)-2　顧客仕掛製品への処置

    3)-3　顧客完成品在庫への処置

    3)-4　顧客完成品の物流過程状態への処置

    3)-5　顧客完成品のその先での未使用状態品への処置

    3)-6　顧客完成品のその先での使用中品への処置

4)　**市場対応**

3.2.3　不具合発生時の後期対応
(1)　恒久的対策

　発生原因や流出原因を解明し、再現実験などを通じてそれらが確実であることが確認できたら、恒久的な対策をとる（実際には同時並行）。対策には次の3つの点に注意して進めることが重要である。

恒久的対策の注意点
①　対策の有効性
②　対策の深さ
③　対策の広さ

①　対策の有効性

　対策の効果の効き具合と言い換えてもよい。

　例えば、仕入先のある設備の加工部の取り付けの位置ずれによって不具合が発生したような場合に、「加工部の取り付けの位置ずれ確認を、取り付け後に必ず行うよう教育する」という対策をとるのも、間違っているわけではない。しかし「どのような確認方法をするのか？」「その確認方法で確実に問題ないことを保証できるのか？」「作業者に教育したからといって、全作業者が確実にそのとおりできる保証ができるのか？」など、そこには多くの課題とリスクがある。

　そのような対策に対して、例えば「加工部の取り付け後、Aという治具を使って、製品にあたる高さがある範囲にあることを確認する。そしてその確認したことを記録として残す」というような対策ができるとすると、そのほうが前者の対策よりもリスクが低減できる。

　さらには、「加工部の取り付け部分を改良し、はめ込み式にすることで、常に同じ位置にくるように設備を改造した」というような対策ならほぼ完璧である。

　このように対策は、効果の有効性をしっかり検証し、より有効な方法を取る必要がある。もちろん「そのためにどれだけのコストをかけるのか」という点とのバランスも必要な場合はある。そこで、「極力コストをかけない」「作業性を落とさない」というようにマイナス要素を生み出さないで、効果の確実な対策を打つことが競争力につながる。対策の有効性を高める知恵を出して、工夫する必要がある。

②　対策の深さ

　これは対策の縦方向の展開と言ってもいい。

　「①対策の有効性」で取り上げた例では、設備の加工部の取り付け部をはめ込み式に改良するというような対策例をあげた。

　これはよい対策である。しかしそもそも、設備の設計をしたときに、作業者が気を使って確認作業をしっかりしないと品質不具合を起こしかねない構造にしたこと自体が問題である。

　そのような品質不具合を起こす可能性がある機械設計を行うのではなく、「はめ込み式を標準とするような設備設計基準に変える」「設備の設計審査のとき

に、その部分を確認する」いうように踏み込んだ対策をすることが「対策の深さ」である。

「対策の深さ」を達成するには、現場での対策というより、仕組みや基準の変更などまでに踏み込む必要があることが多い。これによって再発防止や未然防止はより広い範囲で確実になる。

別の例で言えば、ある製品の設計で問題があり不具合が発生したとしたら、その製品の設計を変更することが対策となる。しかしそこにとどまらず、設計基準の追加や変更といったところにまで対策を取るということである。

さらには、そもそも設計基準を最初に定めたときの各種評価や実験の計画検討ポイント集などのノウハウへの追記などまでできると相当深い対策になり、未然防止につながる。

③ 対策の広さ

これは対策の横方向の展開と言える。

例えばある設備の機構に問題があり不具合が発生したとしたら、その設備のその機構を改善することは対策である。しかしそこだけにとどまらず、同じ機構をもつ他の設備もすべて同様の改善をすることは横展開である。

さらには、その機構で起こした問題の原理から、その問題と類似の問題を起こす可能性のある類似機構すべてに対して同様の対策を取るというのはさらなる横展開であり、未然防止につながる。

また、自社に複数工場あるのであれば、問題が発生した工場だけにとどめず、展開可能な全工場に横展開するということが大切である。いずれの工場も日々の仕事で忙しく、他の工場で発生した不具合を学び、自分の工場での未然防止に活かすという活動は、建前では大切と言いながらも、現実に忙しさにかまけてしっかりフォローしないことも多い。そんな中で、いかに地道に、まじめに、そこをやり切るかが真に強い会社かどうかの分かれ道でもある。

「対策を横展開して活かす」という視点から仕入先の対策をフォローすることが重要である。そして横展開では、特定の仕入先で発生した問題であっても、類似問題が発生する可能性のある他の仕入先にも展開することも場合によっては必要となる。

このような対策の有効性を高める、縦展開、横展開は、大きな不具合が発生

した直後にはしっかりできる余裕がないのが現実である。しかし少し問題が落ち着いたら、必ず上記の視点で対策の深堀をしていくことが、品質保証レベルを高めるためには重要である（図3.1）。

⑵　後始末

　一連の不具合対応が終了後、いくつかの後始末が必要になる。そのいくつかを以下に記す。

①　損害処理

　不具合に対して対応するのは、定常業務ではなく、特別な業務であり、さまざまな損金、臨時費用などが発生する。以下にその種類をあげておく。

不具合処理にかかわる損害・費用の種類

1)　自社における部品・製品などの廃棄損
2)　自社における部品・製品などの手直し費用
　　　手直しのための工数、材料費用など
3)　自社における部品・製品などの追加測定・検査費用
　　　検査器具組み立て費用、検査工数など
4)　自社における部品・製品などの物流費用
　　　返品や回収などの物流費用、臨時倉庫保管費用など
5)　自社における不具合対応にかかった間接費用
　　　間接労務費、出張費、分析などにかかった費用など
6)　顧客からの請求費用
　　　この中には顧客における上記1)～6)の費用が含まれる。

　これらの費用を、不具合の発生責任、流出責任の大きさに応じて、仕入先、自社、顧客で、どのように分担するかを協議して決めていく必要がある。

　2.4.3項「損害賠償」で述べたように、機会損失のような間接損害は通常請求しない。また直接損害ではあるが、5)の中でも間接労務費などは、スタッフが不具合対応のために働いた労務費であるが、それはスタッフとして本来的にその職責を果たしているだけであるので、その費用請求まではしないというこ

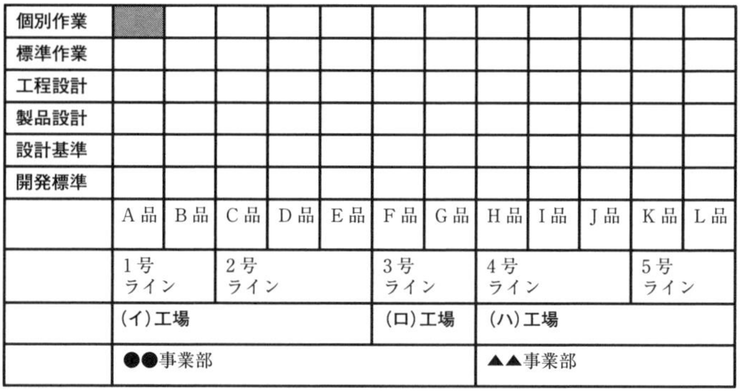

	A品	B品	C品	D品	E品	F品	G品	H品	I品	J品	K品	L品
個別作業	■											
標準作業												
工程設計												
製品設計												
設計基準												
開発標準												
	1号ライン		2号ライン		3号ライン		4号ライン		5号ライン			
	(イ)工場				(ロ)工場		(ハ)工場					
	●●事業部						▲▲事業部					

・対策の深さは個別作業だけになっている。
・対策の広さはA品だけに限定されている。
・対策の有効性は弱くなっている。

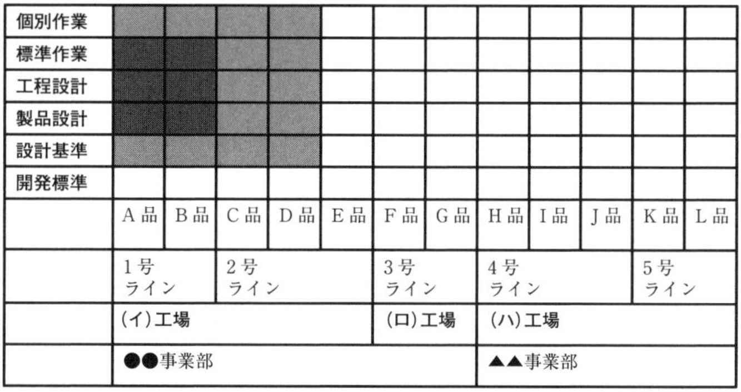

	A品	B品	C品	D品	E品	F品	G品	H品	I品	J品	K品	L品
個別作業												
標準作業												
工程設計												
製品設計												
設計基準												
開発標準												
	1号ライン		2号ライン		3号ライン		4号ライン		5号ライン			
	(イ)工場				(ロ)工場		(ハ)工場					
	●●事業部						▲▲事業部					

・対策の深さは個別作業だけに留まらず、設計基準まで改訂されている。
・対策の広さはA品だけでなく、(イ)工場全体にまで展開されている。
・対策の有効性は1号ラインについては大変強くなっている。

	A品	B品	C品	D品	E品	F品	G品	H品	I品	J品	K品	L品
個別作業												
標準作業												
工程設計												
製品設計												
設計基準												
開発標準												
	1号ライン		2号ライン		3号ライン		4号ライン		5号ライン			
	(イ)工場				(ロ)工場		(ハ)工場					
	●●事業部						▲▲事業部					

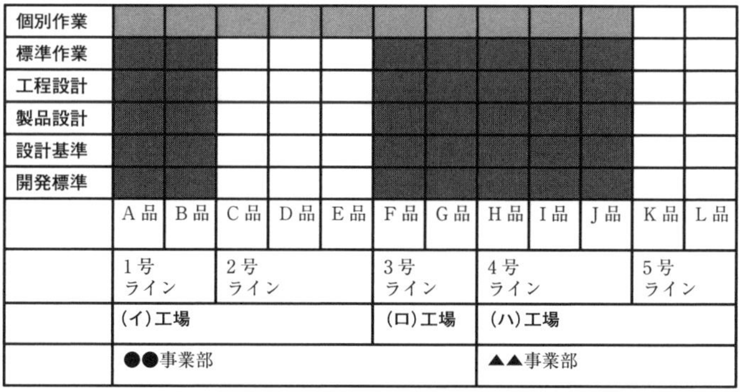

・対策の深さは開発標準にまで至っている。
・対策の広さは全社に至っている。
・対策の有効性は大変強くなっている。

注：網掛けの濃さは対策の有効性の高さを示すものとする。
　　濃いほど有効性が高いものとしている。

図3.1　恒久的対策の注意点

とも多い。

　自社における損害や顧客からの損害請求分に対しては、「そもそも部品の不具合によって発生した損害であるから、全額仕入先責任で負担せよ」と言いたいところであるが、仕入先にも言い分がある。

　確かに部品の不具合を出したのは仕入先の責任である。しかし「当然やるべき簡単な検査を自社でやっていたら、顧客にまで流出することはなかったのに、それをしていなかったために被害額が大きくなってしまった」というようなケースもあり得る。

　また、かなり前からこの不具合に自社は気づいていたのに、仕入先に連絡するのが遅くなって、被害を拡大したというようなケースもあり得る。このような場合、自社にもある程度の責任があると認めて、損金額の負担を自社でもする必要が出てくる。

　いずれにせよ、そのような責任の割合に応じて負担割合を検討し、そのうえで最終的に調達部門が仕入先の費用負担能力や今後の長期関係性を考慮したうえで負担割合を決定し、調達部門が中心となって仕入先と調整する。対顧客の場合は、営業が中心となって顧客と調整する。

②　不具合対応記録の整理・保管

　一通りの不具合対応が完了すると、途中の解析結果や仕入先や顧客との一連のやり取り、メールや文書などを含めて、整理し、ひとまとまりの報告書として整理しておくことが望ましい。通常、自社が仕入先に要求し、最終報告書として、下記のような内容を含めた資料を提出してもらい、顔を合わせて内容確認し合う。さらには今回の不具合処置の対応についての反省なども確認し合い、相互に「お疲れ様でした」ということで完了となる。

　最終報告に含める内容は下記のものとなる。

不具合対応最終報告書の内容

1)　不具合対象製品品番、数量(発生比率)、発見時期
2)　不具合症状、対象範囲
3)　応急処置、暫定対策などの内容と対象範囲
4)　発生原因、流出原因

---

5)　発生に対する対策、流出に対する対策

6)　各種処置(製品廃棄、手直し　など)

顧客にも流出した場合には、顧客への報告は自社の責任である。場合によっては仕入先と一緒に顧客に出向いて報告する必要がある。

③　ノウハウの蓄積と活用

不具合発生は以上のように大きな損害を生じる。だからこそ不具合事象から極力多くのことを学び次に活かすことが重要である。不具合の発生原因、流出原因に対しての対策をノウハウ化して、次に展開しやすいようにノウハウ集の中に蓄積すること。そのノウハウを、例えば次の設計や、工程監査などのチェックリストとして活用するなどが重要である。

多くの企業でこのような失敗事例から得られたノウハウを蓄積し活用できるような仕組みが工夫されている。しかしそのようなデータベースを「いかにメンテナンスしていくか」また、「どのようにしたら多くの人に活用してもらえるか」など難しい課題もある。このあたりの工夫が、高い授業料を支払った失敗事例が生きるかどうかの分かれ目である。

④　フォロー

「今回の不具合での恒久対策がきちんと着実に行われているかどうか」を、実際に仕入先の工程などの監査を行うことで確認する。場合によっては、他の類似問題が発生する可能性のある別の仕入先の工程監査も臨時で行うなどの対応も必要かもしれない。

3.2.4　不具合処理のポイント

大きな不具合が発生したときに大切なのが、対応スピードと、適切な動きである。自社にもそのようなことに長けた人がたくさんはいないように、仕入先にもそのような人がたくさんいるわけではない。

そのため日頃からこのような問題が発生した場合の仕入先のキーマンをしっかり把握しておくことが大事である。その人が品質保証の専門の人とは限らない。営業の場合もあるだろう、技術の場合もあるだろう。役職が上かどうかということよりも、本当に社内の関係者を巻き込んで、必要な人に必要な仕事を

させて、きちんと結果を出すことができる人がキーマンである。

　そんなキーマンが誰であるかを購入側も把握しておくと、いざというときにその人に動いてもらうことで対応が早くなる。もちろんわからないときは、とにかく仕入先のトップを巻き込み、仕入先内の人事事情をよく知っているトップに早急に仕入先内の体制を作らせることが大事である。

　自社としては、品質問題発生時の対応に長けた人を育成し、購入部品・材料での品質問題のときにも仕入先に入り込んでリードできるような体制を持っておくことも重要である。このような人材は、当然論理的思考力、行動力、交渉力、コミュニケーション力などいろいろな面での強みを持っている人材でないといけないし、精神面でもタフな人が求められる。

　なお、このような不具合は発生しないことに越したことはない。しかし最初に述べたように、必ずいつかは発生する。不具合が発生したときに、うまく対応することによって、仕入先と自社の距離、自社と顧客の距離が一気に縮まる。相手の人材、管理力、行動力、判断力などが見えるし、見られている。大変な戦場を一緒に戦う中で得た個人個人の「つながり」は、その後のビジネスにも大きくプラスの働きをするものである。

コラム

仕事のポイント３　「もう一人の自分」

●経験と学び

　人は多くの経験を経てだんだん成長するということについては、みなさんも同意見だと思います。ですからできるだけ自分自身でさまざまな経験をする、つまり実体験することが、成長するためには一番いいと思います。

　しかし短い人生で多くの体験をすることが不可能ですので、先輩や他の人が体験したことを、本や映画、講演などを通じて疑似体験するということをして、経験の数を増やしていくのもよいと思います（仕事のポイント２「好奇心をもつこと」参照）。

　このような経験、つまり自分自身の体験や疑似体験を通じて、だんだん人々はいろいろなことを学び、賢くなってきます。そして対応がだんだんうまく

なってきます。

　もっともわかりやすいのは、スポーツや音楽の練習です。生まれて初めてテニスをしたとしたら、思った所へボールを打ち返すことはもちろん、ラケットに当てることすら難しいでしょう。

　しかし、うまい人に教えてもらったり、本やビデオで勉強したりして、そして自分で何度も何度も練習していくとだんだんうまくなります。判断の基準や、「自分の体がどのように動けばよいのか」という記憶がどんどん脳内に蓄積され、正確に判断し、行動できるようになって上達するのです。

　初めてピアノを弾く人も同じでしょう。最初は一所懸命鍵盤を見て、ここと思うところを指で押さえてもうまく音が出せないかもしれません。指の力の入れ方も安定しません。でも何度も何度も練習していると目をつぶっていても、自然に指がそこに行きます。意識をしなくてもしっかりとした音が鳴るようにスムーズに指が動くようになります。

　人生におけるいろいろな場面での、状況把握能力や判断能力、さらにはリーダーシップやコミュニケーション能力などの仕事に必要な各種能力は、テニスやピアノのように大変わかりやすい教則本があるわけではありません。具体的にわかりやすく教えてくれる先生もいません。論理的思考やコミュニケーション能力向上、リーダーシップ論などの書物はたくさんありますが、何となく理解できても、スポーツや音楽の教則本ほどには、腑に落ちるようなものは少ないのではないでしょうか？　専門の講師が指導してくれるセミナーを受けてもそう簡単に身につくわけでもありません。また、テニスやピアノと違って、自ら同じ課題を繰り返し何度も練習できるほどたくさん体験することもできません。

●二軸志向

　このような場合にどのようにして、能力を伸ばしていくのがよいのでしょうか？

　それは「二軸志向」という考え方です。

　私たちは日々生活をしています。仕事をしています。その中で日々問題に突き当たり問題解決をしています。そして少しずつ問題を見つけることや、解決することがうまくなってきます。この自分が学んでいる過程をもっと意識的に観察しながら事を行うのが「二軸志向」です。

　自分の私生活や仕事の中で出会った各種課題(状況分析、人とのコミュニケーション、課題設定、課題解決、人への説得、感情の起伏……)に対して自分は「どのように捉えて」「どのように判断して」「どのように行動しているか」を、第三者的に常に振り返り、自己分析しながらことを進めるのです(このように一段次元の高いところから自分の考えている過程を客観的に観察して分析することをメタ思考といいます)。

　そのように自分の体験していることを、もう一人の自分が客観的に観察し分析しながら、体験を積んでいくと、漫然と体験を積み重ねるのに比べて格段に速く成長できます。

●自分との対話

　実はこのもう一人の自分は、自分の体験を客観的に観察・分析するだけではありません。自分が考えていることを、別の自分が観察し分析し、批評するのです。それは、自分自身の中での対話ということです。

　ある考えを自分が述べると、それに対してもう一人の自分が現れて、その意見に対して、おかしいところや、反対に、よいところなどの意見をいうのです。そしてそのもう一人の自分が、最初の自分に対して、逆に質問を投げかけたり、別の仮定を設定したりするのです。それに対してまた最初の自分が回答するのです。

　そのような対話の繰り返しをすることを通じて、自分自身の考えを深める、自分自身のわかっていないところを明確にするという作業を繰り返すことができます。

　そのようなことをしていると、だんだんと疲れてきて、頭が混乱してきて、最初の自分と、もう一人の自分が、「まあこのあたりにしておこうか……疲れるし、これ以上議論しても仕方ないものね……」と二人が妥協しようとするかもしれません。そんなときに、さらに第三の自分が現れて、「何を甘いことを言っているのだ。もっと議論せよ。確かに疲れるのはわかる。しかしここで終わったら進歩がないではないか」と二人の自分を三人目の自分が叱咤激励するのです。

　このように自分自身の中での対話・議論を重ねるという癖が強化されると、これが思考を深める大変よい方法になると思います。

　もちろん、二人目、三人目の自分が出てきたとしても、所詮自分の分身ですので、自分の思いつかないような新たな気づきが出てくるわけではありません。そのためには当然他の人との会話、意見など、他の人からのインプットはもちろん重要です。だから他の人と雑談をすることも大切です。

　しかし考えをより深める、抜けがないようにする、弱点を補強するという点で、もう一人の自分と対話する方法は大変有効であると思っています。みなさんもぜひトライしてみてください。

第4章

仕入先支援・指導

4.1　仕入先支援・指導のいろいろ

　仕入先の支援・指導については、その活動を開始する「主導者」「きっかけ」「活動形態」の3つの切り口から表4.1のように整理した。

　活動開始の主導者が自社の場合と仕入先の場合の二種類ある。自社が問題と考える仕入先を選んで、その仕入先に改善活動を行うよう強く要請するのが自社主導である。一方自社としてはそこまで必要性を強く感じてはいないが、仕入先自身が強く改善を希望しており、その助けを自社に求めてくるような場合もある。

　またそれぞれにおいて、そのきっかけが、「大きな問題」を機に開始する場合と、「慢性的な問題」を何とかしたいという気持ちから開始する場合がある。大きな問題を機に支援・指導を開始する場合は、緊急的に開始するものが多いが、中には計画的なものもある。慢性的な問題を機に支援・指導を開始する場合は計画的なものとなる。4.4節「仕入先評価と認定の維持・取り消し」で述べるような仕入先評価を行い、その結果として改善が必要と判断される仕入先を選定して行う改善活動は、典型的な計画的活動である。

表 4.1　仕入先への支援・指導

主導者	開始のきっかけ	活動形態
自社主導で仕入先を決めて行う支援・指導	大きな問題を機に開始	緊急的・計画的
	慢性的な問題に対応	計画的
仕入先からの依頼を受けて行う支援・指導	大きな問題を機に開始	緊急的・計画的
	慢性的な問題に対応	計画的

　支援・指導の「対象領域」としては最もよくあるのは、「品質」であるが、それ以外に、「納期・生産管理」や「生産性向上・コストダウン」などもある。もちろん4.2.5項で述べる「リードタイム短縮活動」を通じて、「納期問題の削減だけでなく、コストダウンや品質向上なども同時達成しよう」というような、組合せの支援・指導もある。

　支援・指導の「方法」としては、具体的な目の前にある問題解決を最優先として行う方法と、仕入先の体質改善を主眼として行う方法の2つがある。目の前にある問題解決を最優先とする場合は、緊急度が高いことも多いため、自社がかなり入り込み、仕入先をリードしていく活動となることが多い。

　一方、仕入先の体質改善の場合は、仕入先自らが課題を発見し、自ら解決していく力をつけてもらうことが主眼である。そのため仕入先自らが活動していくことを、側面から支援する活動が中心となる。

　例えば、仕入先のキーマンへの教育や、改善活動の方法論の教育・訓練、実際の仕入先での改善活動の支援などである。

　仕入先から、支援・指導の依頼を受けて行う場合はもちろん、大きな問題があったことがきっかけで、支援・指導を始める場合は、仕入先も改善や再発防止の必要性を強く認識しており、自社の入り込みに対しての仕入先の抵抗感は低いことが多い。

　しかし自社が、慢性的に問題が多いと判断した仕入先を選定して支援・指導活動を開始しようとする場合は、仕入先が嫌がり何らかの抵抗を受けることもある。その仕入先のこれまでの実績などについてしっかり整理し、それらの根底にある仕入先の管理体制・技術の課題などについて、仕入先と共有し、仕入先が納得したうえで支援・指導を進める必要がある。

　そのためには、調達品の品質管理などの支援・指導をする部隊ではなく、仕入先のシェアなどを最終的にコントロールする権限のある調達部門が、調達戦略と絡めて、しっかり仕入先に説明することが大切である。

　なお新規仕入先に対しても、何らかの改善の支援・指導を行う場合もある。もちろん本来はそのような改善支援・指導をしなくてよいような仕入先を選定することが基本である。しかし諸事情によってそうする必要のある仕入先を選定しなければならない場合もある。この場合も仕入先としっかりとした改善点

の共通認識をもち、改善のための計画も合意して進めることが重要である。

4.2　各種支援・指導のポイント

4.2.1　品質保証体制の整備

　仕入先の品質保証体制が弱い場合には、体制整備を支援することになる。ISO 9001 の認証も取れていないような場合は、その認定取得を支援するということもあり得る。

　しかし通常は、品質保証体制全体、あるいは QMS（品質マネジメントシステム）全体が弱いということはあっても、改善を進めるポイントはもう少し絞り、優先順位をつけて支援することが適切である。優先度の高い改善ポイントを特定し、仕入先と自社との改善活動における役割分担も、仕入先トップ層と合意して進めることが重要である。

　もちろん互いの役割、入り込み方は、取り組んでいる中で、状況に応じて変えていかねばならないことも多い。

　一般的に品質保証体制の整備として基本となることは、各種のルールを明確にすること、そしてそれをきちんと守り実行する癖をつけることである。量産工程の管理範囲だけに絡むルールの整備に絞ったとしても、以下のようなルール整備が必要である。このような中から重点を絞り込んで改善を進めることとなる。

工程管理のために整備が必要な各種標準書

a)　作業標準

b)　検査標準(受入検査、中間検査、最終検査、出荷検査　など)

c)　計測管理規定と個別計測器の校正手順
　　(主として定期校正で日常点検は作業標準に含めることが多い)

d)　設備管理規定と個別設備の管理基準・手順
　　(定期点検、日常点検、保全手順　など、作業前点検は作業標準に含めることが多い)

e)　検査不合格処置規定

---

f)　工程異常処置規定

g)　ロット管理規定またはトレーサビリティ規定

h)　在庫品質管理規定

i)　加工外注(協力会社)管理規定

j)　初品管理規定または初期流動管理規定

k)　特別採用管理規定

l)　変更管理規定

m)　変化点管理規定

n)　作業者教育訓練規定

o)　定期試験・信頼性試験管理規定

p)　内部監査規定(QC診断や工程内パトロールのようなものも含めて)

q)　管理工程図(QC工程図)管理規定

r)　金型管理規定

s)　購買品質管理規定(購入品の異常処理も含む)

t)　顧客クレーム管理規定

u)　仕様書管理規定

v)　品質記録保管管理規定

w)　規定類管理規定

　上記のようなルールは、どこまで充実した内容とするかは、その仕入先の管理レベル、特に管理者層の人材や会社の体質を見きわめたうえで、調整する必要がある。

　とても守れないような細かなルールまで決めても意味がないし、あまりにもおおざっぱな内容であっても効果がない。

　また2.3.4項「工程認定」でも述べたように、管理的な視点でのルールをいくらしっかり定めて実行したとしても、技術的な視点での管理ポイントの明確化や基準の設定をうまくしないと、「きちんとルールどおり実行しているにもかかわらず、まったく品質保証能力のレベルアップにはつながらない」ということも起こり得るので、注意が必要である。

　例えば、検査不合格処置規定として、検査不合格があった場合の、ロットの

識別、置き場の分離明確化、不合格対象品の処置、原因の究明と対策、歯止めなどにおける各部門の役割、責任・権限を決め、その手続きまでも定めて、そのとおり実行するということが重要である。これは管理的視点でのレベルアップになる。

　しかし、肝心の不合格品の処置を、十分な技術的検証もなく「選別」「再測定」のような形で済ませてしまったり、不十分な原因究明しかできていなかったり、対策が甘いというようなことがあると、問題削減にはつながらない。これは技術的視点である。

　もう1つ例として、例えば金型管理規定で、金型を更新した場合には、どのようなルートでどの部門が確認するというようなルールが整備できて、そのとおり実行したとしても、金型のどの部分を更新したのか、その場合にどのような部分を確認すべきなのか、どんな状態であれば問題ないとするのか、といったような技術的ノウハウを支援・指導する必要がある。そのような技術的視点がないと問題削減にはつながらない。

　このような技術的視点での管理ポイント、管理基準は、かなりノウハウも必要であり、一朝一夕にはレベル向上は困難であるが、技術的な見方を具体的な事例の中で1つずつ支援・指導していくことを通じて向上させていくしかない（固有技術的なところは、仕入先の商品であるから仕入先の方が詳しいことが通常であるので、そこにはなかなか立ち入れないが、2.3.3項「部品・材料認定」や2.3.4項「工程認定」で述べたような方法で、仕入先にリスクに気づいてもらい、そのリスクを減らすような対応が重要である）。

　以上のようなルールを定め、技術的視点も支援したとしても、それを仕入先自身が自律的に実施できるようになるというレベルに達するにはかなりの困難を伴う。そのようにもっていくための定石があるとは思わない。ただ、トップにコミットさせること、仕入先にいるキーマンを見つけ、その人をその気にさせ、自ら自律的に動くようにしむけること、は必ず行わなければならない。そして改善活動以降も、抜き打ちで仕入先を監査して、本当にルールどおり実施できているかを何度も根気よくフォローしていかねばならない。

4.2.2　工程管理レベルの向上

　工程管理レベルの向上は広い意味では 4.2.1 項「品質保証体制の整備」の一部である。しかし工程管理そのものは、購入部品・材料の品質保証に直接影響する度合いが強く、きめ細かな管理が必要とされるため、特に重点を置いて支援・指導対象とするのが望ましい。

　仕入先の工程管理レベルを確認する方法として 2.3.4 項「工程認定」では、管理的な側面と、技術的な側面の両面から見る必要があることを述べた。工程管理レベルを高めるということはこのどちらの側面を高める必要があるのか、両方なのか見きわめることが必要である。通常どちらかだけが高いというケースは少なく、問題がある場合は、管理的な側面、技術的な側面の両面に課題があることが多い。

(1)　管理的側面の改善

　管理的側面では、決めるべきことを決めていないために、やり方がバラバラになっている場合は、標準化して、実施項目を決めていく。

　しかしここでは、4.2.1 項「品質保証体制の整備」で述べたような、大きなルールではなく、現場に則した細部のルール、手順が対象となる。

　例えば、工程異常処置規定は定めていたとしても、工程異常品の識別、置き場、置き方、処置までの期限などの細部のルールをいかに現場で実現するかである。

　これらの細部ルールは特に文書化されていることが重要ではない。現場で実際にルールが決まっていて実行されているということが重要である。

　例えば、「工程異常品の置き場と定められたところがきちんと分離・識別されて現場に設定されているのか」が重要である。そのうえで、「決めたことをどれだけ徹底して、しっかりと守っていけているか」が重要である。

　決めるべきことを決めていたけれど、それが守れずに問題を起こしてしまうケースは大変多い。

　例えば、異品種混入、異品種出荷、条件設定間違い、加工が抜けてしまうなど、あげればきりがないほどの多くの作業ミスがある。これらは「決めていることが守れないために発生する不具合」である。

　しかしこれらは、「守れない作業者が悪い」「作業者への教育不足だ」「マニュアルがない」というような原因で片づけられるものではない。多くは守れない、守りにくい、間違いやすい、守ろうという意識醸成がない、という背景があるのである。このような人間的側面を考慮した、作業方法や職場環境への改善を行う必要がある。

　ルールを守る職場は強い。何らかの変更を加えた場合にその効果が明確にわかる。したがって改善も進みやすい。このような職場づくりが重要である。

⑵　工程 FMEA 的なアプローチ

　ここまでは管理レベルの比較的低い仕入先に対しての改善指導の視点で述べた。しかし一方管理レベルの比較的高い仕入先であっても、品質課題はたくさんある。このような仕入先のレベル向上は、上記のような個別アプローチではなかなか進まないことも多い。そのような場合は、品質問題を未然防止するために網羅的にリスクを洗い出して、予防対策をとるという、工程 FMEA 的なアプローチで取り組むのがよい。

　このときの工程 FMEA にも注意が必要である。通常の工程 FMEA は各工程での管理ポイントが、「管理外れとなった場合にどのようなことが起こるか？」という視点で検討され、最終的には QC 工程図（コントロールプラン）というような形での日常工程管理のまとめた標準書として定められていることが多い。よってこの工程 FMEA には、個別の製品の工程ごとの管理ポイントは少なくてもわかっている限りはすべて入っていて検討されているはずなのである。しかし共通するような管理ポイントが抜けていることが多い。

　例えば、バッチ処理の生産工場では、「間違って工程を飛ばしてしまう」「2回同じ工程を通してしまう」というようなミスが起こり得る。もちろんその工程での加工によっては、完全に形が変わる場合や色が変わるような場合は、ミスが起こることはまずないが、そのような外観上の変化がない加工であるバッチ処理の場合は、管理ポイントとする必要がある。

　また色替えと呼ばれる、品種切り替え時の、処置がどれだけ徹底できているかというポイントも重要である。前に流れた製品が残っていると混入が発生するし、材料などの場合はコンタミ（汚染）などの問題となるのでこのような管理

ポイントも工程ごとに重要である。

　さらには異物混入も同様である。一般的な異物混入だけではなく、個別の工程でどのような異物が入る可能性あるのかを明確にしておきたい。もしそれが入った場合にどのようなことが起こる可能性があるのか、検出できるのか。その検討結果から、どのような対策を取るのかというような視点での工程管理ができているかである。

　もちろんこのような多くの製品に共通する工程での管理項目については、品名ごとのQC工程図に記載して管理するというより、別途工程パトロールのチェックリスト（図4.1）としてまとめて、それをもとにすべての工程を確認するという方法のほうがやりやすいだろう。

　どのツールにも長所短所がある。工程FMEA的なアプローチにおいては、特定製品の工程FMEAと、工程パトロールの一般的チェックリストを併用し

大項目	詳細チェックポイント	結果
異物対策	過去異物での不具合ではどんなものがあったのか？　それに対してどんな対策がされているか？	
	各工程で発生する異物の調査はしているか？ ・掃除機で床のゴミを吸い取り、内容物を分析しているか？　それらはどこからの異物か？ ・設備や製品の上部に粘着シートを放置し、付着した異物を分析しているか？　それらはどこからの異物か？	
	製品の上部に可動するものがないか？	
	製品を床面より50cm以下の位置に置いているようなことはないか？	
	⋮	
識別管理	製品の加工前後、検査前後などで、明らかに違いがわかるものではない場合には、その前後の区別に特別な配慮をしているか？	
	物そのもの、その容器、その置き場、その状態表示などが常に一致するための工夫をどのようにしているか？	
	⋮	

図4.1　共通項目工程パトロールのチェックリスト（例）

た形でのチェックを行い、リスクを出して対策していくというやり方が適切である。

　どの会社もたくさんの過去からの貴重な失敗の資産をもち合わせているはずである。これらをしっかり整理し誰にもわかるように共有化して、チェックリストや標準書に落とし込み、それをもとに仕入先を支援・指導する。さらには仕入先も自主的に同様のことができるようにしていくということが重要である。

⑶　工程 FMEA の深堀

　さらなるレベル向上が必要なケースでは、工程 FMEA 自体を徹底的に見直すのもよい。通常の工程 FMEA で記載されている1つの工程を、作業標準レベルまでの細かい詳細工程に分解し、各作業や動作ごとに、考えられるリスクを書き出し、それに対しての対策や担保ができているかを確認していくのである。

　いわば一工程を全体と捉え、その工程の個別作業や動作を各工程と捉えた詳細工程 FMEA を作成するのである。全工程に対してこれを行うのは大変労力を必要とするが、いくつかの重要工程に限定して行うだけでもいろいろなことが見えてくることが多い。

　なおこのような詳細工程 FMEA は、必ず製造技術、生産技術、品質技術といったスタッフメンバーだけでなく、作業者も入って一緒に検討することが重要である。また、技術者が長時間現場作業を観察するということも重要である。それによって、「作業標準にも書かれていないような動作がある」「予想外の非定常作業が行われることがある」というようなことが新たに見つかる場合も多い。それが不具合発生、ミス発生の遠因になっていることもある。

　したがって、そのような要因もあぶりだすためにぜひ作業者も加え、技術者が現場を長時間観察する必要がある。

4.2.3　変更・変化点管理の徹底

　品質問題の多くは、変更や変化が原因で発生する。変更とは、意図して変化を起こさせることであり、変化とは意図せず変化が起こることである。

　最初の生産開始時点から品質問題が発生していたとすると、量産は開始されない。つまり、最初は問題がなかったはずである。しかし、あるときから問題

が発生したということは、何かが当初とは違う状態になったということである。これが変化であり変わった時点が変化点である。

　したがって、変更する場合や変化した場合には、その変更や変化によって、どのような影響が生じる恐れがあるかをしっかり想定し、事前に評価することや、変更後、変化後の監視などを行う必要がある。これが変更管理であり、変化点管理である。

　以下に変更管理と、変化点管理のそれぞれについて重要ポイントを述べる。

(1)　変更管理

　変更は意図して変化させるものである。仕入先は何らかの理由で意図して変化を起こすのである。設計変更、材料変更、工法変更、作業方法変更、いろいろある。これらの変更の目的は、品質改善であったり、コストダウンであったりする。

①　変更によって品質問題が起こるケース

　変更をした場合に、その変更をきっかけに品質問題が起こることがよくある。その原因には下記のようなケースがある。

変更によって品質問題が起こるケース

1)　変更そのものに、計画していたとおりの効果がなく、逆に品質を悪くしてしまう場合

2)　変更によって影響を受ける可能性があると予想していた管理項目(条件系および結果系)の変化を評価したが、それが正確に評価できなかったために品質問題を生じる場合

3)　変更によって影響を受けないと予想していた管理項目(条件系および結果系)であったため、評価をしなかった管理項目の変化によって品質問題を生じる場合

4)　管理項目(条件系および結果系)としては認識していたが、変更によって影響を受けるかどうかの検討を失念してしまい、評価をしなかった。その管理項目が影響を受けたために品質問題を生じる場合

5)　もともと管理項目(条件系および結果系)として意識できていなかった

項目の変化によって品質問題が生じる場合
6)　変更が意図どおり実施できなかったために問題を生じる場合（間違って伝わり、意図と違ったことをしてしまう、あるいは関係者全員に伝わらなかったために一部で意図どおりの変更ができないなど）

少しわかりにくいかもしれないので、具体例をあげて説明する。

②　変更が品質を悪くしてしまう場合

1)の「変更が品質を悪くしてしまう場合」は、例えば、ある材料に替えたら特性が向上するということが実験段階でわかっており、そのため量産工程に導入したが、量産では特性向上が見られず、逆に悪くなったというようなケースである。化学プラントなどのように、一回の処理量によって反応が変化してしまうような工程では、実験室で行ったレベルの結果が、量産レベルとなると再現しないということがよく起こる。

③　影響を正確に評価できなかった場合

2)の「影響を正確に評価できなかった」ケースは、例えば、ある工程の乾燥条件を変更する場合に、当然製品に残存する水分量が変化する可能性があるということで、管理項目として水分量を取り上げ、その変化を評価したが、水分量の測定方法がまずかったために変化が見つけられず、問題なしと判断してしまったような場合である。

また、測定方法は問題なかったが、代表サンプルとして評価した製品が水分量測定前の工程で別の理由で熱処理されていて水分量が減少してしまっていたというような理由で正しく評価できないというようなこともある。

④　評価をしなかった管理項目の変化による品質問題

3)の「評価をしなかった管理項目の変化による品質問題」は、例えば、ある工程で製品の流し方改善を行い、工程での製品滞留時間を削減する変更を行ったときに、当然残存水分量は他の工程での管理項目にあることは知っていたが、影響を受けないと判断し評価しなかった。しかし実は工程での滞留時間が、以前は長かったために、乾燥がすすみ、残存水分量が減少していたという効果があったのに、滞留時間が短くなったために残存水分量が多くなり、問題が生じたような場合である。

⑤　**変更による影響評価を失念していて評価しなかった場合**

4)の「変更による影響評価を失念していて評価しなかった」は、例えば、ある工程での製品への印字法を変更するにあたり、製品へのダメージ、印字の質などいろいろな評価項目をあげて変更管理を実施した。しかし残存水分量については失念していた。以前の印字法では、かなりの熱がかかっていたために実際には水分量がかなり減少していたのに対して、変更後の印字法ではほとんど熱がかからなくなったために残存水分量が増えてしまって品質問題を生じてしまったというような場合である。

⑥　**管理項目として意識できていなかった項目の変化**

5)の「管理項目として意識できていなかった項目の変化」は、もともと管理項目とは意識していなかったものである。

例えば、水洗工程では条件系の管理項目として、水の温度や塩素濃度という管理項目はわかっていた。しかし設備を変えたことによって、水に含まれるSiの量が増えてしまい品質問題を起こした。というように、問題が発生して初めて新たな条件系の管理項目がわかったケースである。

また、結果系の管理項目としての例としては、もともとでき上がりの製品の保証項目としてあげていなかった項目が変化してしまう場合である。でき上がりの仕様としては満足しているのであるが、後工程では使用できないという問題を起こすことがある。

そもそもこのような問題が生じるのは、管理項目が十分に検討できていなかったという当初の問題による。「条件系の管理項目が十分検討できていなかった」は、製品設計や工程設計で良品を作る条件明確化が不完全であったということである。

また「結果系の管理項目が十分検討できていなかった」は、仕様として決めておくべき項目がわかっていなかったということであり、品質展開ができていないということである。

しかし実はこのようなケースは結構多い。3.1.2項「工程内確認」の中の「検査の位置づけ」の部分で述べたが、良品を作るための条件としての管理項目が完璧に100％わかっているということはあり得ない。

また2.4.7項「仕様の取り交わし」で述べたように、すべての必要事項を仕

様に記載するのは現実には難しいし、必要な仕様を100%漏らさず認識すること自体が大変困難である。よって5)の「管理項目として意識できていなかった」ケースは案外よく起こり得るのである。

　もちろんこのような種類の品質問題が発生したときは、新たな知見を得ることになり、技術の進歩にもなるので、授業料を払ったと思って、得た知見をできるだけ広く有効活用するのがよい。

⑦　**変更が意図どおり実施できなかったために問題を生じる**

　6)の「変更が意図どおり実施できなかったために問題を生じる」失敗も相当多い。特にある変更をすることで、他の工程や他の作業でも一部変更しないといけないような場合ではこれが起こりやすい。

　例えば、ある理由から製品のある特性を改善する対策を取った。そのために、ある工程での加工方法を変更した。そしてその加工方法を変更した製品は、その後工程での測定方法も同時に変えなければならないというような場合である。

　加工法が変わった製品が測定工程に来たときに、新しい測定方法で測定しないといけないのに、その変更の時期が測定工程に伝わっていなかったり、実施時期が間違って伝わったりして、変更が意図どおりにできないケースである。特に仕入先での変更にタイミングを合わせて自社でも何らかの変更をする必要がある場合などは要注意である。「新たな品番を使う」あるいは、それが面倒であれば「何らかのマーキングをする」などによってしっかり伝わるような工夫が必要である。

⑧　**変更管理についての契約、変更の申請**

　この変更管理については、第一に仕入先がきちんと検討・評価を行い、問題が発生しないような管理を行うことである。そのような管理ができているかを実際のルールや過去の事例などを参照しながら仕入先の管理レベルを確認し、弱点は改善させる必要がある。特に上記の変更時に起こしやすい品質問題の原因を意識して、仕入先がそのような視点でミスを起こさないような工夫をしているかについてしっかり確認しておくのが重要である。

　一方そのような仕入先が行う変更について、自社としてもしっかりと認識し評価して了承するようなプロセスを取らせるようにする必要がある。これは大

変重要なことであるので、契約の項目でも述べたように多くの品質契約には変
更管理についての取り決めが規定されている。

　もちろん契約の内容がどのようなものになるかは、購入者と仕入先の力関係
によって異なる。購入者が圧倒的な力をもっていて、仕入先が購入者の要求を
ほぼ受け入れるような購入者への依存度の高い関係の場合は、購入者の要求が
ほぼ100％通り、ほとんどどんな変更も申請して承認を取るという手順が実施
されるかもしれない。

　それに対して、仕入先の購入者への依存度が大変低く、仕入先が圧倒的な力
をもっている場合には、購入者の要求はほとんど通らず（通そうとすると買え
なくなる）仕入先の思うとおりになるので、変更については仕入先の勝手に実
施するということになることも多い。

　もちろん購入者が買う部品・材料がカスタム品であるか、標準品であるかに
よっても対応に大きな違いを生むところである。カスタム品であれば、仕様を
きちんと取り交わして契約したものであるから、少なくても仕様に影響を与え
る変更は申請して承認を取ってから実施ということはできる。

　ただし、この場合でも仕様に影響を与えないような作り方や材料の変更など
は申請するのかしないのかは仕入先と購入者との力関係や慣習で変わってくる
ので、購入者としては十分な注意が必要となる。カタログ品となると、カタロ
グに保証されている特性以外は、まったく事前通知なく変更されると認識して
おかなければならない。

　どのような変更を購入者へ申請してもらうようにするかは各社の契約によっ
て異なるが、一般的には以下のような変更を申請対象にすることが多い。

変更申請の対象例

- 設計変更
- 材料変更、部品変更
- 工法変更
- 金型変更
- 生産場所の変更

　さらに厳しく規定するような場合は、下記を上記に加える。

- ●部品・材料などの仕入先変更
- ●金型更新
- ●作業方法変更
- ●請負先の変更

　これらについては、申請して承認を受けてから変更するように要求することも多い。変更は品質問題につながりやすい。そのため、取り決めではどうしても厳し目に、どんな変更でも事前申請するように規定することが多いし、そのほうが品質管理の視点からはよい。

⑨　変更申請の落としどころ

　しかし、現実にはどんなものを報告してもらい、どんなものを報告しなくてよいかは大変微妙である。

　例えば、「作業方法変更は事前申請せよ」と規定している場合に、「今まで手作業で行っていたことを機械化した」というような場合は当然事前申請してもらわないといけないということになる。しかし、「今まで部品の供給は箱にまとめて入れていて、そこから作業者が手でつまんで取り出していた。それをもっと作業効率を上げるために、シュータを使って部品が作業者の手元に来るように変更した」というような場合、事前申請が必要なのかというような問題である。

　厳密に考えると、どんな変更も品質問題を起こす危険性を含むものであるから、ほとんど何でも報告してもらえばいいのである。そして購入者もしっかり判断して、そんな変更内容ならすぐに変更していいよ、と返事ができるならそれもありである。

　しかし現実には、いちいちそのような小さな変更をすべて仕入先が購入者に事前申請するということを要求すると、仕入先に大変な業務的負担がかかる。また仮に小さな変更も含めてすべてを購入者に申請してくると、今度は購入者も自社の事務手続き、評価の手間などが多大となる。実際、仕入先から変更申請が出てくると、「困った……また仕事が増える。変更しないで……お願い……」という自社技術者の本音が聞こえることが多い。そして変更申請の処理が止まることも多いのが現実である。

　そうなると仕入先はどんどん改善を進めたいのに、購入者の許可が下りない

からまったく変更できなくなるということが起こる。そしてそのうち、「そんなことなら変更申請なんかしないでおこう。黙ってやっちゃえ」ということになるのである。このように何でも事前申請する変更管理は、仕入先にも自社にも負担がかかり、結局うまく行かなくなる。

　もちろん基本的には上記のような心情であっても、変更が購入者にわかってしまうと約束違反が発覚する。したがって、「変更によって何らかの影響が購入者にも出るかも知れないから購入者にもきちんと評価をしておいてほしい」場合などは、仕入先もきちんと申請してきてくれる。

　しかし、購入者にはよほどのことがない限り見つけられない変化であれば、仕入先が自ら顧客にどれだけのことを申請するかは、仕入先自身の内部基準や倫理観に頼らざるを得ないのが実際である。

　特に、仕入先での変更の目的がコストダウンだったりする場合は、下手に購入者に申請すると、「値段を下げろ」と言われるのが落ちなので、黙ってやりたいというのが仕入先の本音である。

　このような諸事情があるので、契約書に書かれている変更が、きちんと承認申請出てくるということはあまりない、と疑ってかかるべきである。もちろん、定期不定期に行う、仕入先監査などでは、従来と工法や設備が変化していないかなどの確認も行うのがよい。

　変更申請が出ていないのに変更しているようなケースを見つけたら、仕入先に強い苦情を入れるべきである。

　しかし、変更度合いによっては見て見ぬふりをすることも有効かもしれない。このような実務での匙加減で、どこまでの変更申請を仕入先から提出させるのかというレベル感が決まってくる。

　なお変更申請が提出されてきたら、「自社の変更管理と同様の視点から確認し、評価し、不足する点は仕入先に要求して追加評価をさせる」「自らも評価する」「仕入先の工程確認をする」など、仕入先認定の項目で述べたような事項の一部を実施することになる。これは、かなりの労力である。また自社が仕入先での変更を承認することによって、万が一その変更が原因で問題が生じた場合に、変更を承認した自社にも責任が生じることになるので、厄介である。しかし、それを嫌がっていると、仕入先はだんだん変更申請を出さなくなり、

無断変更をするようになる。落としどころは大変難しい。

⑩ 品質データの改ざん事件と変更管理

　余談になるが、品質データの不正など、一時世間を騒がせた事件がたくさんあったが、ほとんどのケースはこの変更管理における課題として述べた事情と同じである。

　例えば、なかなか規格値に入れることが難しいために、よく不具合品ができる。しかし実際には使用できるし問題がないとほぼ予想できる。

　しかし、それを仕入先が顧客にいうと、拒否されたり、特別採用として値下げを要求されたりする。顧客は規格変更をなかなか認めてくれない。このような状況が続くと、データの改ざんが起こりやすくなる。

　また別の例では、ある資格の必要な検査があっても、その検査はそれほど難しいものでなく、実際には簡単な教育訓練で誰でもできるような場合である。その資格を必要としないように法律を変えるということができるなら、まったく問題ないのだが、諸事情で法律改正をやりたくない場合に、無資格での検査が行われることとなる。

　ここで述べた変更申請も、契約などで厳しく規定しても、仕入先に大変な負荷をかける一方で、購入者が変更に対して誠実な対応をしない（変更禁止する、長時間放置する、多額の評価費用請求する、など）ことが続くと、契約を守らないという不正が起こることとなる。

　利害関係が異なる組織間では本音の議論がなかなかできないことが原因である。建前を尊重しながら、実際は本音を優先するために不正が発生する。この課題は永遠だろう。管理者はその部分をしっかり把握して対応する必要がある。

(2) 変化点管理
① 意識できる変化と気づかず発生する変化

　変化には2種類がある。

　1つは、変化を意識できるものである。ただ変更と違って、変えたくて起こった変化ではなく、やむを得ず変わったものである。例えば、ある作業者が休んだために、いつもとは違う作業者が作業をするような場合である。

　もう1つは意識しておらず、気づかないところで発生する変化である。例え

ば、ある工程での監視している管理項目が規格値内であっても、日常の実力から変化しているような場合である。これは事前に予測することは不可能である。たまたま監視しているデータを通じて気づく変化である。

　変化点管理については、「(1)変更管理」のように、変更申請を仕入先から提出してもらって、自社も個別案件について評価し判断するというようなことは通常は行わない。しかし変化点管理は重要であるので、仕入先自身がしっかりした変化点管理を行っているかを自社が確認し指導することは重要である。

　この部分は本来4.2.2項「工程管理レベルの向上」に含めて仕入先の工程監査や支援・指導の項目となるが、変更と関連することが多いので、便宜上ここで述べる。

②　意識している変化

　変化を意識している変化点管理の場合、例えば「いつもの作業者が急に休んだために、別の作業者がその工程についた」「設備を調整した」など、変化がはっきりとわかっている場合は、その変化によって、どのような影響が出る可能性があるのかを予測し、どのように確認するかということを考えて実施するのが変化点管理である。

　仕入先が、よく起こる変化についてあらかじめ検討し、確認事項などを手順化し、実施しているかが重要である。

　例えば、「設備故障したために、ある部品を交換したとしたら、その交換した部品の取り付けがもしまずかったら、どのようなことが起こる可能性があるか」ということが十分検討され、部品交換後には必ずある項目を確認する手順が決められ、実際それが行われているなどというのが、変化点管理がしっかりできている仕入先かどうかの判断になる。

　また、変化したことがはっきりわかっているけれど、どのような影響があるかがわからないので、きちんとわかるように区別しておこうという管理法もある。

③　ロット管理

　ロット管理などはまさに変化点管理の基本である。

　ロットが変わるというのは、「投入するときの材料のロットが違う」「設備が違う」「作業者が違う」など、変えたいと思って変えているわけではないが、変わらざるを得ないために変わっている変化である。

そしてそれによっておそらく問題は発生しないと想定しているのであるが、万一何らかの問題がわかったときには、このロットが問題であると限定できるようにする管理法である。

④　気づかず発生する変化

事前に変化したことを知らない変化の場合は、自ら積極的に何かを確認することはもちろんできない。

しかし、3.1.2項「工程内確認」の「(2)作業者の感性を大切にする」で述べたように、「いつもと違う」という作業者からの報告や、工程で取っている多くの条件系や結果系の管理項目の傾向管理や管理図管理を行うことで、変化が見えてくることがある。

そして見えてきた変化に対して、原因究明や影響検討を行う。そのような管理を「どの程度しているか」も仕入先の工程管理レベルの高低を判断する材料となる。

⑤　管理図管理

管理図管理は統計的管理、SPC(統計的工程管理)として工程で活用するようによく言われる。管理図は QC 七つ道具の 1 つにもなっている。

しかし通常の教科書に説明されている管理図は、「$\bar{X} - R$ 管理図のように、郡内変動で群間変動を検定する」あるいは、「P 管理図のように、サンプリング誤差だけで母数を検定する」ようにできている。そのため連続生産的な工程ではそのまま使えるが、ロット管理をしてバッチ生産をしているような工程ではそのままでは使えない。

特にロット内変動を群内変動として、ロット間変動を群間変動とするような管理図を書くと、まったく異常だらけの管理図となり使い物にならない。これはそもそもロット管理が、「ロットの母数が異なると予測して行う管理」を意味するからである。ロット内変動よりもロット間変動のほうが大きい場合、異常になって当然である。

反対に、ロット内変動のほうがロット間変動よりもずっと大きい場合、管理限界線が広すぎて、打点がすべて真ん中あたりにへばりついているような管理図になることもある。

このような場合、異常でなかったと判断する過去の複数ロットのロット間変

動を定常時のばらつきとみなし、その値で、今後のロットの検定を行うほうが本当の異常を検出するのには適している。

　何を異常として検出したいかという発想から、何を、どのようなばらつきで、どのような検定をしたいかが決まり、それに合った管理図を作って工程管理すべきである。教科書に載っている管理図を鵜呑みにして実際の工程に適用しないでほしい。それが難しい場合は単なる傾向管理としての「ランチャート」(打点だけで規格値は入っているが管理限界線はないもの)でもよい。

　また管理図の教科書では、「異常」が発見されたら、「その原因を調べて対策を取ること」とされている。しかし現実に管理図で「異常」が出て調査しても、原因がわからないことが多い。日常管理としては「異常」が出たときは、その時点で管理ポイントとして把握できている条件系の管理項目に異常がなかったかどうかを確認するだけでよい。それら条件系の管理項目に異常がない限りは、とりあえず「あわて者の誤り」が発生したのだと考えておくのがよい。

　しかしこのような「あわて者の誤り」とした異常が多く発生するのであれば、これは別途課題として取り上げ、まだわかっていない管理すべき条件があるはずだという想定で、徹底的に調査し、新たな条件管理ポイントを見出し、工程管理レベルを高めるという活動にしていくのがよい。

⑥　自社が仕入先に対しての変化点管理を行えているか

　以上変化点管理を、仕入先自身がどのように行っているかを、自社が確認するという視点で述べてきたが、実は「自社が仕入先に対しての変化点管理をどの程度行えているか」も大変重要である。

　「自社が行う仕入先の変化点管理とは何か?」。それは「仕入先で発生している変更や変化が、品質に影響を与える可能性があるのではないか」という視点から監視することである。しかし、仕入先で発生している変更や変化を自社は一体どうやって知るのか?　実は、意外と簡単にわかる方法がいろいろある。

　例えば、仕入先の工場長が替わった、製造部長が替わったなどの人事異動、当然社長交代も大きな人事異動である。

　あるいは「仕入先のM&Aで別の会社と合併した」などある。さらには、自然災害、何らかの部材の供給難などの世間一般情報から、「その仕入先に何らかの影響が出ていないか?」などの懸念から調達担当者が仕入先の担当者と

情報交換している中から得られる情報も参考になる。

　このようなことは直接製品の品質保証にすぐに影響があることは少ないが、しばらくすると大きく影響を受けることがある。「長のマネジメントスタイルの変化によって、現場管理がルーズになる」「高圧的なマネジメントにより現場の生の声が隠れてしまい、ちょっとした危険の声が上がらなくなり、これまで大きな問題になる前に対応できていたことが隠されて、大問題を起こす」というようなことがあり得る。

　何らかの部材の供給難があるときには、別の部材供給先を採用するような動きもあるかもしれない。考え出せばきりがないのだが、このような仕入先の変化点を自社が注意して見ていて、状況に応じて仕入先に聞いてみるなど現場の確認に行くという視点ももっておきたい。

　生産場所が変わった、大きな工程変更をしたなどの情報が仕入先から上がってきたら、大いに注目して潜在的問題はないかを探り、監査を行ったりするだろう。当然変更申請も出てくるだろう。

　一方、「仕入先の工場長が変わった」「キーマンが退職した」などの情報は、仕入先から上がってこないことが多い。たとえそのような情報を得たとしても、変更管理の対象にもしていないし、特にアクションを起こすべきかどうかの検討さえしないことが多い。しかし、このような部分にも感度を上げておくことも重要である。

4.2.4　コストダウン活動
⑴　コストダウンと価格ダウン

　コストダウン活動を述べる前に、コストダウンと価格ダウンとの違いを明確に認識しておいてほしい。

　通常購入者は、購入する部品や材料のおおよそのコストは推定できても、正確にはわからない。実際に支払うのは価格であって、仕入先がどれだけ利益を取っているのかは、個々の部品・材料単位では明確にはわからない。

　したがって、ほとんどの場合、企業の調達部門は価格ダウンを仕入先に対して要求する。しかし仕入先において、コストダウンがないままの価格低減は、仕入先の利益を減らすだけのことである。コストダウンの裏付けのない価格低

減は長い目で見ると仕入先の疲弊につながり、最悪の場合、仕入先の倒産や、事業撤退という状況に陥ることになる。

　このようなことは、仕入先はもちろん、購入者にとっても困ったことである。そのようなことを避けるためにも、購入者は価格低減ではなく、コストダウンを求めていかなければならない。

　そしてそのコストダウンは、仕入先単独でできることもあれば、購入者が協力することでできることもある。

　購入者の協力とは、例えば、「過剰品質要求を避ける」「必要性の低いカスタム要求は避ける」「発注や納入の単位や頻度、方法を仕入先と自社で最適化できるようにする」などである。

(2)　コストダウン活動の実際

　企業が競争力を維持し高めるため、コストダウン活動は大変重要である。コストダウンのための活動は、企業内の間接部門、直接部門を問わず、あらゆる領域で行うべきことである。製造業においては、その中でも特に調達品の品質管理として関心を高くもっておく必要のあるのは、製品の設計や生産工程でのコストダウン活動である。

　設計や生産工程でのコストダウン活動のいくつかの例をあげてみると次のようなものがある。

コストダウン活動の例

- 作業中の動きの無駄を減らす。
- 製品の工程内の輸送や停滞をなくす。
- 購入材料の規格を厳しくして不適合率を減らす。
- 購入部品・材料の仕入先を安いところへ変更する。
- 高速の設備を導入する。
- 作業方法をもっと簡単なやり方に変える。
- 工程の順序を変える。
- 材料を安いものに変える。
- VA 設計をする。

　このようなコストダウン活動を支援するにあたって、自社からIEの専門家などが仕入先の工程に入り込み、仕入先メンバーを指導したり、仕入先メンバーと一緒になって活動したりすることになる。具体的な方法論は、コストダウンの詳細を記載した専門書に譲ることとして、ここではこのようなコストダウン活動と品質との関連について述べたい。

　上記のコストダウン活動例を見るとわかるように、コストダウンのための施策のほとんどすべてが何らかの変更である。それもコストダウン額の大きいものは、より大幅な変更となるものが多い。

　もちろんコストダウンの方法として大きなものとして、工程不良率の改善、直行率（手直しなどがなく一回で良品が作られる率）の改善などもある。しかしそれらを実現する具体的な手段は、上記のような変更にあたる手段となる。

　コストダウンは4.2.3項「変更・変化点管理の徹底」で述べたように、品質と大いに関係する。仕入先におけるコストダウン活動は、価格低減のためにはぜひやってもらう必要がある一方、品質問題を起こす可能性を高めてしまうという二律背反的なものとなる。

　また、仕入先から変更申請がたくさん提出されてくるため、購入者も評価にコストをかける覚悟をして進めるべきものであり、ある意味仕入先と購入者との共同作業である。

　もちろん、4.2.3項「変更・変化点管理の徹底」で述べたように、仕入先が無断で行う変更によってコストダウンを行っていることもある。当然、間接業務の改善のように製品品質に直接影響を与えないようなコストダウン活動もあり得るので、変更申請が出てきていないから、価格低減の余地がないだろうというような遠慮は不要である。

　コストダウン活動をこのように仕入先と購入者の共同作業というように捉えると、「このコストダウンの成果はどちらがどれだけもらうのか？」という問題が生じる。これも力関係であるが、仕入先のコストダウン活動を変更の事前申請という形で知ることのできた購入者は、当然黙っていることはできない。評価にかかったコストなども含めて、それなりの価格低減という形での成果の一部を求めることになる。

　改善活動を仕入先指導と称して、購入者が仕入先の工程に入り込んで支援し

た場合は、コストダウンで得た成果を100％購入者が取るようなこともある。仕入先はそのコストダウンで出た成果で「他の品種、他社向けの類似品に適用してコストダウンすることで、仕入先も利益を出せるから、いいでしょう」という論理である。一見正論ではあるが、これが行きすぎると、仕入先もできるだけ購入者には知られないように黙ってコストダウン活動をすることになるから、品質問題を起こすリスクも増すことは覚悟しなければならない。どのあたりのスタンスを自社として取るか社風が出るところかもしれない。

4.2.5　リードタイム短縮活動

(1)　リードタイムとは

　リードタイムとは、自社が仕入先に注文を出してから、実際に部品や材料が自社に納入されてくるまでの時間のことである。

　リードタイムには、注文書の処理、受注処理などのようなコンピュータ上で行われる処理時間や物流時間、仕入先の生産準備にかかる時間なども含まれるが、長い部分は仕入先での生産期間であることが多い。半導体などでは12週間以上かかるようなものが普通となっている。

　調達部門にとっては、自社の生産計画の変動にしっかり追従してくれるようにフレキシブルに仕入先が対応してくれるのが理想である。仕入先のリードタイムが長いと、なかなか短周期での数量の変更や品種の変更の融通が利かない。そのため部品・材料の在庫が増えてしまうことになる。

　在庫で寝かせている間の金利や倉庫保管料のことを除くと、経時劣化のない部品・材料なら、使い続ける限り廃棄にはならず損失はないが、自社での生産品種の変更などが発生すると、途端に在庫が不要在庫になり、最悪は廃棄することになって大損を生じてしまう。

(2)　VMI(Vendor Managed Inventory)

　そのようなリスクを減らすために、仕入先の部品を購入者の工場近くに在庫させて、購入者が自由に好きなときに好きなだけ仕入先の部品を使用し、使用した分だけ購入したことにして支払うというやり方もある。このようなやり方をVMI(Vendor Managed Inventory)という。

　このVMIの場合、部品在庫は購入者の工場のすぐ横にあるとはいえ、仕入先の資産であり仕入先が管理する責任を負う。したがって、購入者の製品の終息や品種切り替えがあっても、購入者が損をすることはない。もちろんそのような管理のやり方の対象にできるのは、「対象部品・材料が購入者のカスタムでない」場合などに限られることが多い。在庫品の管理やリスクを取るのが購入者か、仕入先か、いずれであっても、リードタイムが長いということは、どちらかまたは両方のリスクを大きくするのである。

(3) リードタイム短縮の利点

　これらを改善するのに大きな効果があるのがリードタイム短縮である。
　物流期間の短縮もデータ処理などの期間の短縮もリードタイム短縮の一部であり重要であるが、ここでは品質にも大きな影響がある生産期間の短縮について述べたい。生産期間短縮の具体的方法論については多くの素晴らしい文献が出ているので、そちらを参照してもらうこととして、ここでは生産期間短縮と品質の関係について述べる。
　ワインやウイスキーなどのように、何らかの熟成、エージングのような効果を狙う一種の加工でない限り、品質は、置いていること、停滞させていることでよくなることはない。保管している間に、酸化したり、ホコリをかぶったり、何らかの接触があって品質を劣化させる恐れが増加するだけである。
　また移動させることでよくなることもない。移動は、振動や衝撃をかけることであって品質を劣化させる可能性を増すだけである。移動は、品質をよくすることには決してつながらない。
　その意味で、生産期間のムダの中の最大のものである停滞、移動が削減される生産期間短縮は、品質向上には直接つながらないかもしれないが、品質劣化の可能性を削減することにはつながっている。
　しかし実は生産期間短縮は品質改善にもっと大きな貢献をするのである。
　生産期間が短いと、問題発見が早い。例えば生産期間が10日間かかっていたときには、最初の工程に問題があった場合でも、最終検査でしか発見できないような不具合だったとしたら10日後にしかわからない。もしこの製品の生産期間が1日に縮まったとすると、翌日に不具合が発見されることとなる。こ

れによって、同じ条件で生産された製品の仕掛の量に大きな差が生じるはずである。

　生産期間が長いときは10日間の間に生産工程に仕掛っている製品すべてが不具合対象となるのに対して、1日の生産期間の場合だと1日分しかない。これによって工程の不良率や不合格率が大幅に下がるし、処置の間接業務も大幅に減らすことができる。

　もう1つの利点は、品質不具合の原因究明がしやすくなることである。

　前述の例ならば、10日後不具合が発見されたとき、その原因が最初の工程にあったということがわかって、最初の工程の作業者に、10日前この作業をしたときにどのようなことがあったかを聞き取り調査をしても、ほとんど何も覚えていないだろうし証拠も残っていないだろう。しかし1日の生産期間となったら、前日の様子を聞くわけであるから、かなりの正確さで思い出してくれる可能性がある。ひょっとすると工程には何らかの原因究明のヒントになるような証拠が残されているかもしれない。

　というわけで、リードタイム短縮(生産期間短縮)は品質改善に大いに寄与する。そのような視点で、仕入先の生産期間短縮活動は、在庫削減やフレキシビリティの向上などの調達側面だけでなく、品質管理の視点からも推進すべきだし、仕入先支援をしてでも活動すべきものである。

(4)　リードタイム短縮活動と品質改善活動

　一方、品質問題が多いとリードタイム短縮(生産期間短縮)がなかなかできない。

　例えば、検査不合格が多い場合、当然そのロットは、その処置の判断や再選別や再加工などの処置のために停滞したり、余計な時間がかかったりする。そのためそのロットの生産期間は長くなり、工程全体の生産期間のばらつきを大きくし、平均の生産期間も長くしてしまう。また工程内不良が多い場合も、もともとある数量を出荷する計画で投入したのにもかかわらず、不良が予想以上にたくさん発生したために、出荷数量が不足して、あわてて、追加投入して特急生産をするというようなことにもなる。そうすると通常のロットが後回しにされ、結果として全体の生産期間が延びてしまう。

　これ以外に、検査不合格が多い、工程内異常が多い、不良が多いなどの品質問題は、製造、生産管理、技術、品質管理などの間接人員の手間を取らせることになり、本来行わないといけない業務が遅れ気味になり、適切な生産計画や配台などもできにくくなる傾向がある。

　このような視点から、仕入先での生産期間短縮活動は、同時に品質改善活動にもなるし、品質改善活動が生産期間短縮活動にもなる。そして想像できるように、これは同時にコストダウンにもなる。ということで、品質保証にかかわる人も関与してぜひ大いに進めてほしい。これは仕入先も購入者も両方が得をする、納期の短縮、コストダウン、品質改善と一石三鳥の取組みである。

　ただしこの生産期間短縮活動でも工程の順序を変えたり、ある工程の加工法を変えたり、加工時間を短くしたりとさまざまな変更管理の対象となる事象もでてくる。そのような場合は、仕入先と自社でしっかり連携して、変更管理もきちんと行いながら生産期間短縮の施策も取っていくという共同作業が必要となる。

⑸　安全衛生活動

　私は安全衛生に関しては詳しくないが、ここで安全衛生活動について少しだけ触れておきたい。よく世間では「安全第一」と言う。

　品質管理の世界で働いている人の間では「品質第一」という言葉もよく使われる。もし安全や品質、納期、コストなどに順番をつけるとすると、もちろん「安全第一」である。しかし安全は順序をつけるようなものではなく、絶対である。安全がある中で、QCDを作り込む。そのQCDの中でどんな優先順位で考えるかということでないかと思う。だから「品質第一」ともいわれるのでないか。

　さて安全衛生と品質管理の関係であるが、安全衛生でのリスクの洗い出しや対策、そして人々に対しての教育・訓練などの方法論は、品質管理での方法論とほとんど同じであると思う。ただ対象が安全衛生なのか、品質なのかの違いであるだけである。

　したがって、安全衛生や品質管理の世界で言われる考え方や手法は互いにまねをするのがよい。5S、リスクアセスメント、現場パトロール、KYT(危険予

知訓練)、守りやすい作業標準、ポカヨケ、など安全衛生も品質管理も同じように使える。

　仕入先での各種改善活動の支援においても、「安全は絶対である」ということを肝に命じて、品質改善や生産期間改善、コスト改善の支援を心掛けたい。

4.3　仕入先監査のあり方

4.3.1　監査の分類

　仕入先監査を分類すると下記のようなものがある(表4.2)。

　監査を行うタイミングによって、「認定時監査」「定期監査」「臨時監査」に分類することができる。またどのような内容の監査を行うかということで、「品質システム(QMS)監査」「工程監査」「製品監査」などに分けることもできる。

　「認定時の監査」については、すでに2.3節「仕入先の新規認定」で述べた。認定時の監査では、通常、仕入先の各種能力を幅広く評価することになる。まったく新規の仕入先認定では、品質システム監査も必ず行う必要があるが、既存仕入先からの異なる製品の認定の場合は、QMSについては省略することもある。定期的な監査は、通常新規の認定時の監査ほど広範囲とすることは少ない。

　「定期的に仕入先の管理レベルを確認し、管理レベルを維持・向上させる」のが「定期的な監査」の目的である。QMSは短い期間に大きく変化する可能性は低いが、工程管理状態は常に変化する可能性があるので、工程管理状態などに絞って実施することが多い。

　さらに「臨時監査」となると、その目的が明確であり、その目的に沿った分

表4.2　仕入先監査の分類

	品質システム監査	工程監査	製品監査
認定時監査	○	◎	◎
定期監査	○	◎	○
臨時監査	○	○	○

◎:必ず行う必要のあるもの、○:必要に応じて行うもの

野に絞って監査することとなる。例えば何らかの品質問題が発生した後の臨時監査のような場合は、その問題の対策がきちんと取られていることを確認し、「水平展開ができているか」「類似問題に関しての未然防止もできているか」という確認が重要となる。

また、仕入先が「新しくラインを増設した」「大きくレイアウト変更をした」などの大きな変更をしたような場合も臨時監査、あるいは現場確認が必要になる。このときは「その変更がしっかり計画どおりできているのか」「変更によって新たなリスクが生じていないのか」という点に絞って監査する。また、「別の仕入先で発生した問題の類似問題が発生しないか」という視点で仕入先の総点検を行うという臨時監査もある。

このように臨時監査は、その目的によって何を見るかも変わってくる。

さらに監査の対象をどの範囲にするかという視点もある。

仕入先の会社全体を対象とするのか、ある特定の工場だけを対象とするのか、さらには1つの工場であっても、製造現場だけを対象とするのかという対象である。

さらには、どのような領域の監査を行うのかということもある。仕入先認定時の監査のように広く全般に監査するということではなく、対象を絞る。その代わり、化学物質管理体制について、安全衛生について、変更管理・変化点管理について、など監査する領域についてはかなり絞って詳細な監査を行うこともある。

4.3.2 監査よりも診断を
(1) 「よりよくするため」という視点

監査の元々の意味は、会計監査のように、定められた基準と比較して現実がそのとおりにできているかを調査判定するものである。仕入先の品質監査においても、厳密にこの監査という用語を用いるとすると、仕入先と購入者の間で決めた事項を守っているかということの調査となる。

そういう趣旨からすると、購入者が出している購買仕様書または仕入先が提出した納入仕様書などに記載された規格や、別途工程での品質保証を担保するために取り交わした、QC工程図(管理工程図)のようなものに定められた事項

を、そのとおりに実行しているかということを確かめることが監査といえる。

　しかし実際に QC 工程図に詳細を決めるといっても、仕入先の力が購入者に比較してよほど弱い場合は、すべてをさらけ出して規定することもあるが、通常は主要な管理状況のみを記載するにとどまることが多い。

　したがって、通常の QC 工程表ではとても十分な管理項目の確認ができないことのほうが多い。第一その QC 工程表自体があまり信用のおけないことも多い。

　このような場合、監査といっても、「決めたことをそのとおり守っているか」という視点だけでは不十分である。品質を確保するために「どんな考え方で」「どんな技術知見に基づいて」「どんな管理をしているか」ということを確認していく必要がある。

　これはある意味、品質を作り込む技術的知見が不足している中で量産を始めてしまった「つけ」をそのあとの監査に回しているということである。あるべき本来の姿とはいえないが、現実にはこのような姿が多い。そういう点では監査とはいうけれども、何らかのあるべき基準に照らして良し悪しを判断するだけではなく、「よりよくするためにはどうしたらよいか」という視点で監査すべきである。その意味では監査というより診断というほうが適しているかもしれない。

(2)　仕入先監査とコミュニケーション

　なお、監査において注意すべきなのは、前面の対応に出ている個人の知識やコミュニケーション力の問題である。

　仕入先の品質保証体制、不具合再発防止対策、監査の対象としている領域の技術力・管理力が大変優れているにもかかわらず、説明する人の知識や説明力が劣るために十分伝わらない場合がある。

　逆に説明する人が大変饒舌であると、実態よりもよいという評価をしてしまうこともある。このあたりを見抜くのは大変難しい。懸念がある場合は、できれば質問する相手を複数人変えてみて、それぞれがどんな回答をするかを確認する。現場でなかなか明快な回答を得られないなら、机上に戻ったときに責任者に再度同じ内容を確認するものよい。

　複数の人々が顔を見合わせながらごちゃごちゃ言い合い、なかなか誰も明快

な回答ができないような場合は心配な会社である。

　もちろん、こちらの質問の意図がきちんと伝わっていることが前提である。海外の工場で、母国語が異なるために、監査を英語で行う場合や通訳を通して行うような監査では、なおさらこの部分への注意が必要である。この課題については5.3節「グローバル調達」を参照されたい。

4.4　仕入先評価と認定の維持・取り消し

4.4.1　仕入先の評価

　仕入先については半年や1年の単位で、各種項目のパフォーマンスについて整理し、よかった点と課題点をまとめて仕入先にフィードバックすることが望ましい。これを行うには多くのリソースを必要とするので、すべての仕入先に対して行うことはできないが、重要な部品・材料を購入している仕入先に対しては行うべきである。

　評価項目は次のようなものとなる。

仕入先評価項目

- 価格低減、コストダウン達成状況
- 納期サービス率(要求納期サービス率、回答納期サービス率　など)
- 品質(受入検査不合格率、自社工程内不良率、客先クレーム、苦情対応スピード　など)
- 技術対応力
- その他(安全衛生、情報管理、……)

　いずれも自社の要求に対しての対応の側面を、仕入先の同業と比較して評価することになる。

4.4.2　仕入先評価のフィードバック

　評価のまとめ役は、当然仕入先全体に対して責任をもつ調達部門となるが、品質保証、技術、製造などの多くの部門の協力を得て全体評価をする。

　これらをまとめて、同じ商品の競合と相対的な比較をしたうえで、仕入先にフィードバックすると、その仕入先はどの部分がよくて、どの部分が悪いのかを他の競合仕入先と比較して理解できるので、改善にも力が入る。

　特にこの仕入先へのフィードバックは、個々の日常業務で課題として自社から仕入先に伝えていることや要求していることを再度整理して示し、改めて回答を求めることもできる。また、場合によっては仕入先のトップ層とも顔を合わせてのフィードバックができるので、仕入先内でのトップダウンの動きも加速するという利点がある。

　また、この定期的評価で、問題が多くなかなか改善が進まない仕入先に対しては、自社が入り込み改善支援・指導する仕入先に指定する場合も出てくる。

　逆にこのような定期的な仕入先評価とフィードバックの中で、特筆すべき仕入先を選定したり、定期的な評価を行っていない仕入先であったとしても、何らかの特別な貢献をしてくれたような仕入先に対しては、特別に敬意を表して感謝状を贈呈したり表彰するのもよいだろう。このように評価によって、仕入先のモチベーションをより高める取組みも重要である。

　仕入先評価や表彰の基本は調達戦略や調達政策に基づいて調達部門が中心になって行うものではあるが、場合によっては品質改善や安定した品質を継続している仕入先を、品質という視点だけで表彰するなり感謝の意を表するのもよい。

　このような表彰式や感謝状授与式を、個々の仕入先と個別に行うというやり方もあるし、対象仕入先を一堂に集めて、他の仕入先も出席する場で行うというやり方もある。どちらがよいかは会社の考え方次第である。

　逆に大きな品質問題を起こした仕入先や、何度も品質問題を起こしている仕入先を、他の仕入先もいるような場に集めて、名前を公表するというやり方もあるが、私はあまり推奨しない。それよりも、「問題だった仕入先が大きく改善した」という他社の参考になるようなケースは、改善事例としてその取組み内容を発表してもらうのが有効である。

4.4.3　仕入先の自社評価と VOS（Voice of Supplier）

　このように自社が仕入先のことをどのように思っているか、「どんな点がよいけれど、どんな点は改善してほしい」という話は、仕入先評価のフィード

バックのときはもちろん、通常の仕入先との面談などのときも、話をする機会があるだろう。しかし逆に、仕入先が自社のことをどのように思っているのかを聞き出すことも大変重要である。

仕入先はある商品を自社に納入しているが、それと同じ商品や類似商品を、自社の同業他社にも納入していることが多い。つまり、仕入先は自社を、自社の同業と並べて比較して評価しているのである。仕入先の目で見て、自社の同業と比べての自社の特徴を一番わかっているはずである。もちろん自社の同業のことを、仕入先がべらべら話す訳にはいかないので、詳細な話は聞けないだろう。しかし、自社の同業と比較して、「どの点が厳しい」「どの点が緩い」「どの点が細かい」といったことは教えてもらえるはずである。

例えば「自社は変更管理についてはかなり細かなデータを要求され、承認までに一番時間がかかる」「他社はよく緊急納入の要求があるが、自社はあまりない」、というような話をできるだけ正直に聞かせてもらうようにするのが大切である。

仕入先の声をしっかり受け止めることで自社の強み弱みを把握し、改善につなげることもできる。もちろん仕入先がすべて真実を言っているかどうかはわからない。仕入先自身にとって都合がよいように、ウソとは言わないまでも少し強弱を変えて発言することもあるだろう。

それも含めて最終判断をするのは自社である。できるだけ心を開いて本音を言ってくれる関係を仕入先と作り、真摯に声を聴くということは大変重要である。

VOC（Voice of Customer）は当たり前になってきているが、VOS（Voice of Supplier）を意識してほしい。

4.4.4 仕入先評価とその後の取引き

仕入先の総合的な評価を半年や1年というように定期的に行い、取引きを継続していくか、やめていくかという方向性を決定していく。

取引きを継続する仕入先の中でも、「優先的に取引きをしていきたい」「拡大していきたい」仕入先を特に決めたりすることも調達戦略として重要である。

逆に取引きを縮小してゆく、停止する方向の仕入先については、しっかり社

内で議論し、意思決定し、代替仕入先選定などのしかるべき準備をしっかり行ったうえで、仕入先にフィードバックしていく対応が必要となる。

　しかし場合によっては急遽、ある仕入先との取引きを停止する必要があるような場合もある。例えば、ある仕入先が非常に重大なコンプライアンス違反を起こしたというような場合や、非常に大きなかつ悪質な品質事故を起こしたというような場合である。自社にも大きな負担はかかるが、早急に代替仕入先を見つけて切り替えを行い、取引停止、出入禁止などの強い処置をとることもある。

■■■■■■■　**コラム**　■■■■■■■

仕事のポイント4　「役割達成型と目的達成型」

●大きな仕事の難しさ

　大きな仕事は一人で行うことはできません。複数の人が集まって、それぞれの人が異なる役割を分担して、それぞれが役割を果たすことを通じて、目的が達成できます。しかしこれを実現するのはきわめて難しいことでもあります。

　なぜ難しいのか？　それは次の2つの困難さにあると思います。

大きな仕事の難しさ

① 　目的を達成するために、やらなければならないたくさんのことを洗い出し、それらを整理し、切り分けて、各部分をそれぞれの人に割り付ける。という業務全体の設計を最初に完璧に行うことがきわめて困難であること

② 　それぞれの人々が、自分の担当する部分の仕事を、期待どおりしっかりと果たしているかどうかを見ていく。果たせそうにない場合に、果たせる人への入れ替えを行うことが困難である、あるいは、①の「計画を再度調整する」という運営(プロジェクト管理といわれますが)を完璧に行うことがきわめて困難であること

　上記の①も②もしっかりやるには、スーパーマンのように頭のよい戦略家・管理者が必要です。凡人である我々は、とても十分にやり切ることがで

きません。

　このような大きな課題を実際に解決していくには以下のようなことが必要です。

チームでの課題解決

① みんなが全体の仕事の目的を理解し、常に目的を意識する。

② 自分の仕事だけでなく、分解されたそれぞれの他の仕事や、各業務分担の概略を理解する。

③ ①②を実行したうえで、自分の担当している領域で一所懸命役割を果たす。

　計画は完璧ではありませんので、一人ひとりが役割を果たしている中でいろいろ気づくことが出てくるものです。

　こうした気づきに対して「適切な人々と共有する」「必要に応じて決めていたやるべきことを変更する」「別の方策を作り出す」など、臨機応変な対応をとる必要が出てきます。

　そしてある現場が臨機応変な対応をしたことで、別の現場が影響を受けて計画とは違う対応を取る必要が生じることがあります。

　そのため、さらに「他の関係者と情報共有する」「意思決定者にきちんとタイムリーに報告する」ことが必要になってきます。

　このような必要な他の人との情報共有、方策の修正などは、全体の目的と、他の人が受けもっているおおよその役割を理解しているからこそできる行動です。

　それらを理解せず、一所懸命当初の計画に決められた自分の役割を果たしているだけであれば、このような行動ができません。それではプロジェクトが頓挫してしまいます。

　それを防ぐために、全体を見通すプロジェクト管理者を設置します。しかし、全体を把握し、コントロールできるようなスーパーマンはなかなかいません。一人の管理者に任せているだけでは、見落とし、抜けなどが当然のように発生し、プロジェクトは頓挫する可能性が高まるのです。そこをカバーするのが、メンバー一人ひとりの気づき、情報共有、行動です。

できれば「役割達成型」ではなく「目的達成型」をめざしてほしいのです。（だからといって、自分の役割を果たさず、目的ばかりを追いかけるのは困りものです。役割をしっかり果たしながらも、それがあくまでも目的を達成するための役割であると意識した役割であるべきということです。）

●ルールは破るためにある !?

「役割」という言葉を「ルール」と読み替えてみても同様のことがいえます。会社にはたくさんのルールがあります。これらにはよくある状況を想定した場合に、とるべき適切な方法が定められています。仕事のほとんどはこれらのルールに従って行う必要があります。これにより、安全確保、間違いや混乱防止、効率を向上させるということができます。コンプライアンス上の問題も避けられます。それらルールを守ってひたすら一所懸命仕事をすることは決して悪いことではありません。

しかしここでちょっと変なことを言います。「いつでもどんな場合でもルールを守るということがよいわけではない」ということです。

今あるルールは、次の2つの視点で常に問い続ける必要があります。

ルールへの問いかけ

① そのルールの背景となっている趣旨・目的からして、今の場合、ルールどおり行うことが、そのルールの趣旨や目的に合致しているのか？

② そのルールは過去のある時点でのある環境下では適切であったかもしれないが、その後の社会状況や競争環境が変わってきている今の時点では意味をなさなくなっているのではないか？

このような視点で常にルールを再点検し、必要に応じてよりよいルールを生み出していくことが今働いているすべての人の責任です。

企業は多くの環境変化に対応していかなければなりません。そして競争環境も変わってきます。いやもっというと、競争環境を自ら変えていくことが、企業が競争に打ち勝っていくために大変重要なことなのです。そのためにも従来のルールを守りながらも、常にそのルールの背景にある意図、目的をしっかり自ら考え、理解したうえで、仕事を進めていくことが大切です。

　その意図をしっかり心に刻み込むためには次の極論を覚えておいてください。

　　　「ルールは破るためにある」

　これが役割意識を超えた目的意識です。まさに役割達成型ではなく、目的達成型です。

　ただし乱用してはいけません。下手に使うと強烈な副作用もあります。運用には細心の注意が必要です。

第5章

SCMにおける品質保証

5.1　源流管理

5.1.1　SCM とは何か

　SCM とは Supply Chain Management（サプライチェーンマネジメント）の略であり、供給連鎖管理とも和訳される。

　例えば、テレビが最終消費者に渡るまでには、テレビを生産している会社が、液晶画面や各種電子部品を別の会社から調達する必要がある。液晶画面や電子部品を作っている会社は、その部品や材料をさらに別の会社から調達しているはずである。その材料を供給している会社は、ある鉱山からその材料の鉱石を採掘しているのかもしれない。

　このように一般的に完成品が作られるためには、必要な各種部品・材料の調達から生産、出荷までに、たくさんの異なる企業が介在している。この流れを SC（Supply Chain：サプライチェーン）といい、それを管理する言葉として SCM という言葉が使われる。

　しかし現実にはチェーンのように、一次元的につながっているわけではない。自社を取り巻く仕入先や顧客という取引先単位で見ると、一次元の鎖ではなく、図 5.1 のように複雑に入り組んでいる。自社のある部品の仕入先が、自社の別の製品の同業他社であったり、同時に、自社のある製品の顧客であったりすることが普通になってきている。そのため、サプライウェブ（Web ＝ 蜘蛛の巣）、あるいはサプライネットワークとでも呼んだほうが適切ではないかと思う。

　ある仕入先との取引関係においても、部門によっては同業であるために、ノウハウなどの重要なことは互いに機密にすることも多いだろうし、「ある部門では顧客でもあるので、あまり強引なこともしにくい」という複雑な関係に

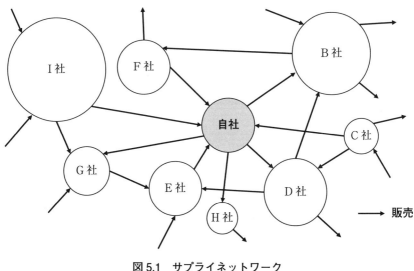

図5.1　サプライネットワーク

なっていることも多い。このような関係を把握したうえで調達管理および調達品の品質管理などの企業活動を行っていかねばならない。

5.1.2　仕入先を遡る

　自社が仕入先から購入する部品や材料は、その仕入先の中ですべて作っているということはほとんどない。多くの場合、自社が直接取引している仕入先（一次仕入先）は、そこが使用する部品や材料を、仕入先のさらにその先の仕入先（二次仕入先）から仕入れている。また一次仕入先のある工程を、二次仕入先に委託していることも多い。

　例えば、自動車製造会社は、ヘッドライトを一次仕入先から購入しているが、その一次仕入先はヘッドライトのためのガラスを二次仕入先から購入しているというようなものである（図5.2）。また、金属部品などは、プレス成型などをする金属加工会社から仕入れることが多いが、その金属部品にメッキをしている会社はプレス成型をしている仕入先ではなく、その仕入先が委託している二次仕入先であるメッキ専門業者であることが多い。また金属プレスにとって非常に重要な金型を二次仕入先に作らせているような場合もある。

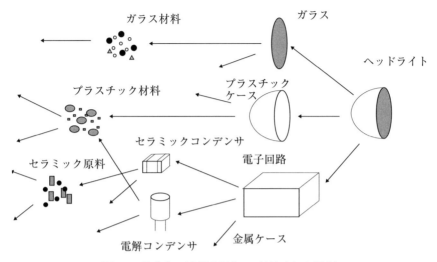

図5.2 仕入先の連鎖の例（ヘッドライトの場合）

　さらにこの先を追跡していくと、三次仕入先、四次仕入先のように、最終的には、地球のどこかから鉱石を掘り出す、森や海から自然物を取り出すというところまで遡ることになる。

　部品・材料の品質保証をしっかりしていこうとすると、そのような二次仕入先、三次仕入先などの上流の仕入先がきちんと品質保証を行っているか、一次仕入先がその二次仕入先の品質保証体制の維持改善に積極的に働きかけているかなどの点も、自社が監視してゆく必要がある。

　もちろん自社と仕入先との力関係があって、一次仕入先が二次仕入先の情報を教えてくれない場合もあるし、たとえ教えてくれる場合でも自社のリソースが不十分で、二次仕入先までフォローすることができないということも多い。

　二次仕入先の部品・材料の品質保証をする主体は一次仕入先にあるので、基本はその一次仕入先に二次仕入先の品質保証体制の確立、指導・支援をゆだねることになる。しかし一次仕入先のそのような能力が不十分な場合や、二次仕入先が行っている加工が自社の製品品質に与える影響度合いが大変大きいと判断するような場合は、自社が自ら直接二次仕入先を含めて確認しておく必要がある。

　例えば、メッキ、溶接、封止など、後工程での初期的な品質確認ではなかなか信頼性が確認できない性質の加工を行っている二次仕入先は、製造工程での管理が特に重要であるので、自社が直接二次仕入先の工程管理状態の確認も行うことが重要である。

　一部の仕入先に対しては、外部から購入する部品・材料の品番や仕入先名をリストにして、仕様書の中に記載するように要求することもできる。また管理工程図（QC 工程表）を提出させて、どの工程は一次仕入先で行い、どの工程は二次仕入先で行っているか、名前も入れた形で提出を要求することもできる。

　ただし、このような要求は、自社と仕入先との力関係にもよるが、すべてこちらの要求が通るわけではない。特に一次仕入先が外部から購入する部品・材料の品番や仕入先名を提出するのは、分解すればわかるような、カタログ販売しているような部品を除くと、大抵拒否される。それらのリストからコスト構造が丸見えになるし、変更も大変しにくくなるからである。

　一方、どの工程を一次仕入先で行い、どの工程を二次仕入先で行うということは、品質保証上重要であることの理解は得られやすいので、開示してくれることは多い。ただし一部の工程を二次仕入先に委託しているような場合でも、同じ工程が一次仕入先内にもある場合は、たとえ自社向けの商品は二次仕入先で加工していたとしても、一次仕入先の工程で加工していることとして真実のことを開示してくれない場合もあるので注意が必要である。

　さらに、たとえ二次仕入先で加工していることを開示したとしても、その現場の管理体制の確認は一次仕入先自らが行うので、立ち入らないでほしいと一次仕入先が主張することもある。

　どこまで入り込むかは品質保証上の重要性、一次仕入先と自社との関係などを考慮してケースバイケースで決めざるを得ない。もちろん一旦大きな品質問題が二次仕入先原因で発生したとした場合は、有無を言わず一次仕入先とともに入り込んでいくべきである。

5.1.3　トレーサビリティ

　源流管理において大切な管理ポイントの1つはトレーサビリティである。このトレーサビリティが取れていることによって、万が一自社製品に不具合が見

つかったときに、疫学的方法によって、原因を調査することが可能となる。

　また、万が一ある部品に欠陥があった場合には、その対象部品を使用した
ロットが限定でき、それを用いた対象製品が限定できるので、回収が正確に行
えるのである（図5.3）。

　トレーサビリティのために、部品材料、設備・治工具、作業者、製造時期な
ど、どのような情報の記録を残すかは、上記のトレーサビリティ確立によるメ
リットと、それを維持するためにかかるコストとの兼ね合いで決める。

　「仕入先でのトレーサビリティがどのように設計されているのか」は、初期
的な工程監査の時点で確認しておかなければならない。品質に大きな影響を与
える可能性のある因子が変化したときに区別できるトレーサビリティ体系を本
当にもっているのかどうか。また、必要なら自社が懸念する因子がきちんと区
別できるトレーサビリティにしてもらうことも要求する。

　仕入先内でのトレーサビリティを見直すことで、副次的な効果もある。仕入
先での不具合発生時には、疫学的な原因究明がやりやすくなるので、品質改善
が進みやすくなる。また、問題発生時には、対象となる範囲も明確になるた
め、より小さく対象を絞ることもできる。

　トレーサビリティをより細かく精度高く実現しようとすると、ITをうまく

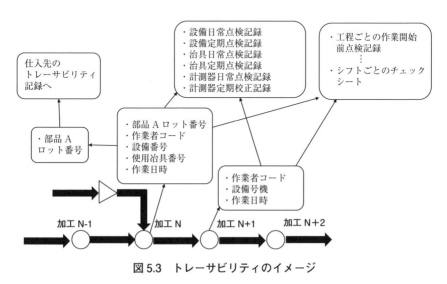

図5.3　トレーサビリティのイメージ

活用する必要性が高まるので、ある程度のレベルの高い仕入先に限定した取組みになるかもしれない。このようなトレーサビリティについての確認および要求を、重要部品については一次仕入先だけでなく、必要なところまで遡ることが重要である。

　なお、自社において注意しておくべきポイントは、仕入先から購入する個々の部品・材料のトレーサビリティを自社製品との間で、確保しておくことである。

　部品にシリアルナンバーなどが刻印されていて、その番号を自社でトレースできるよう管理しているなら問題ないだろう。しかし小型部品のように製品そのものを見たのではトレーサビリティが判明しないような場合は、トレースを取るために何らかの情報を管理しなければならない。仕入先が納入してくるときについている納入番号や、出荷検査したときの単位である番号など、「何を自社が管理することで、仕入先でのトレースが取れるか」をしっかり打ち合わせて共有して、その番号を自社で管理するようにしなければならない。

5.2　企業の各種責任

5.2.1　CSR（企業の社会的責任）

　企業は社会への影響力という点で、かなり大きな力をもっている。企業によっては国家以上の大きな力をもつほどの巨大企業もある。そのうえ企業には、しっかりした組織があり、人材がいる。何かやるべきことをトップが決めた場合には、その具体化や実行力においては非常に効果的かつ効率的に検討し実行できる存在である。その点では残念ながら国民の人気取りをしないと、いつ議員の資格をなくしてしまうかもしれない民主主義の国家や自治体などよりも、ずっと本腰を入れて活動できる機能性の高い組織である。

　そのような状況で、公害問題への対応はもちろんのこと、規制物質の使用制限、リユース、リサイクル、温暖化物質の削減のような環境課題への対応のように、社会として必要とされることを企業が率先して行うことが増えている。

　国家や自治体が定めた法律、条例、国際社会における規制（有名なものにEUが定めたRoHS指令やREACH規制がある）に従うことは当然のことである。加えて近年NGOなどの団体が、社会的必要性を感じる課題を、国家では

なく大企業、特に BtoC の一般市民にも名の知れた企業をターゲットにして要求するようになってきている。

このため企業自らが自主的に社会的責任を果たそうと、積極的な自律的活動を行っている。

企業が積極的に活動する理由は、その気になれば大きな成果を上げ社会的責任を果たすことができるためでもあるが、対応が悪い場合には不買運動などの負の圧力がかかる恐れもあるためでもある。このような圧力もあって、20 年ほど前から、CSR(Corporate Social Responsibilities：企業の社会的責任)が重要視されるようになった。

CSR として何をしていく必要があるのか、サプライチェーンに何を求め、確認すべきかについては、日本の電子機器産業界、JEITA(Japan Electronics and Information Technology Industries Association：一般社団法人電子情報技術産業協会)が定めた「責任ある企業行動ガイドライン」などが大いに参考になる。

CSR 関連事項を仕入先に強く要求する企業は日本では少ないが、欧米企業は結構厳しい要求をしてくることがあるので、相応な対応が必要である。まずは自社内での取組みによって対応する。

しかしサプライチェーンにおいて、自社が CSR で求められるような項目にきちんと対応している仕入先とのみ取引きすることも大切である。また CSRに対応できていない仕入先にはできるように指導していく義務が課せられている。自社で実行していくだけでなく、自社のサプライチェーンを遡って、このような社会的責任を果たしていることを確認・検証していく必要性が高まっている。

さらに最近は、PRI や ESG、SDGs という言葉が流行してきている。PRI(Principle of Responsible Investment：責任ある投資の原則)は、「投資家は、ESG の視点で、しっかりと対応できている企業にのみ投資すべき」という考え方である。最近これが投資家の中に浸透してきている。

ちなみに ESG とは、環境に対する責任(Environmental)、社会的責任(Social)、ガバナンス(Governance)の頭文字を並べたものである。これは、まさに広い意味での社会的責任(SR)である。

5.2.2　SDGs

　このようにますます多くの企業が、国の政策とは半ば無関係に、これらの社
会的責任を果たすことを大きな役割と認識し活動するようになってきている。
企業自身が自らの存在価値を、単に財務的な指標の向上によって、株主に利益
を供するということではなく、社会に存在することが社会のためになるような、
より広い概念での非財務的価値を拡大しようという機運が高まってきている。

　企業がどのような社会的責任を果たすべきなのかを検討するときに、大
いに参考にすべきものは、国際連合が2015年に定めた、SDGs（Sustainable
Development Goals）である。ここでは人類が持続可能な開発目標として 2030
年までに達成したい、17 の目標と 169 のターゲットを定めている。一度はネッ
トで目を通しておくとよい（図 5.4）。

　どの目標も一企業としては、大きすぎる目標であるが、それぞれの企業が少
しでもいいから、自社の目標を設定し、自律的に活動し、その成果を定期的に
公開するということが期待されている。NGO や投資機関などは勝手に、独自
の評価指標で主要企業を格付けし、ネット上に公開しており、自社の意図とは

（出典）国連広報センター：SDGs ポスター（17 のアイコン　日本語版）
https://www.unic.or.jp/files/sdg_poster_ja.pdf

図 5.4　SDGs の 17 の目標

別に社会から評価されてしまうことに注意が必要である。

　これらはサプライチェーンにも要求し、そのような取組みができている仕入先を優先して採用していくという調達管理の業務には直接関係する。狭義の品質確保という点からはあまり関係のない領域である。しかし品質管理上重要な部品・材料を生産している仕入先の社会的責任レベルが低いと、そのレベルを上げないと取引きできないようになってくるので、その点での支援も必要になってくる。

　なお製品に含まれる化学物質管理や規制物質管理のような場合は、材料の隔離・分離、それらを確実にするための管理法、検査などに、通常の品質管理方法がほぼそのまま適用できるため、品質保証上の対象として取り扱うのが理にかなっている。品質管理技術者がどのような領域の監査や支援・指導を行うかは個別企業ごとに異なるだろうが、ますます広い範囲に気を配る必要があることを認識しておきたい。

5.2.3　BCP（事業継続計画）

(1)　災害時の対応

　もう1つ、ここでBCP（Business Continuity Plan：事業継続計画）について触れておきたい。

　BCPとは、災害などによって、事業が継続できなくなるような事態を想定したリスク低減計画や事業再開計画のことである。日本においては阪神淡路大震災、そして東日本大震災をきっかけに世間の注目を集めた。

　地震や台風、テロ行為などいろいろ事業の継続を妨害する事件が発生する可能性はある。それらによる被害のリスクを極力下げる対策をあらかじめしておくとともに、万が一それが発生したときに、「事業が停止することを極力防止する」「事業ができるだけ速やかに再開でき、顧客に迷惑をかけない」というような対応能力を高めておくことが重要である。

　源流管理で述べたように一次、二次さらにはその先の三次、四次の仕入先までたどることは、その部品材料の品質への影響度合いを鑑みて、品質保証上の観点から重要であるが、それ以上に調達リスク低減のためにも大変重要である。東日本大震災のときに明らかになったように、自社は複数の仕入先から購

入をしていて、競合関係を作り、調達リスクも下げていたつもりであっても、二次、三次の仕入先まで遡ると、実はある特定の1社がすべて供給していたというようなことがわかったことがある。

　何らかの問題が発生したとき代替手段を確保するというBCP（Business Continuity Plan）の視点から、サプライチェーンの全体を把握しておくことが望ましい。そのうえで、隘路になっているところに対策を取っていくような形が安定調達という視点からも重要である。

(2)　サプライチェーンは源流にまで遡って把握する

　BCPは自社工場が被害を受けた場合、あるいは一次仕入先が被害を受けたときのことを想定している。しかしできれば、二次、三次など、源流に遡った仕入先を把握していれば、さらに有効である。

　例えば、どこかの国で暴動があって、その国からの物資の輸出ができなくなったという事件があったとする。当初は関係のない国のでき事と思って注意を払っていなかったが、気がついたら「自社が使っていた材料はその国の鉱山から掘り出した金属鉱石を使って作っていた」などということが、後になってわかることがある。これでは遅い。重要な部品・材料は地球から掘り出した原料から自社に入ってくるまでの一連のサプライチェーンがどのようになっているかを把握して押さえておくことが理想である。

(3)　リスクの把握と万が一のときの在庫

　しかしこれも源流管理で述べたように、一次仕入先と自社の関係、一次仕入先と二次仕入先との関係などによって、機密情報となり、サプライチェーンを遡って明らかにできないことも多い。既存の部品・材料の代替品使用の困難度合いを、おおよそでいいので見積もり、困難度の非常に高いものに絞って、サプライチェーンを遡り、その途中でのリスクを把握し、調達選択肢を広げておくことである。

　それができないなら、万が一のときの切り替えにかかる期間分程度、在庫を保有することしかない。その在庫は、自社での保有在庫だけでなく、流通途中での在庫、仕入先での在庫を合わせたものでよい。ただし、保有場所が仕入先

の製造場所と異なっていなければ、火災や地震などの対策としては意味がないので注意を要する。

　また、仕入先が複数工場をもっていて、万一のときに別の場所で同じものを作れるかどうかということもある。平常時にもそのような生産をしている場合はかなり安心できる。2つの工場とも認定しておくと安心できる。しかし平時には自社向けの製品を、片方の工場でしか生産していない場合は、いざというときにもう1つの工場で本当にどの程度の期間でどの程度の品質を確保して生産できるのかということを机上でもよいから確認しておくといざというときにかなり助かる。

　また調達部門は、仕入先の工場がどのようなBCPをもっていて、それが現実的なのかどうかということも確認しておく必要がある。工場の建物の耐震強度や耐火性、津波などの被害の可能性、さらには二次仕入先が被災した時の生産への影響を下げるための、在庫政策などを確認しておくことは重要である。余談になるが、東日本大震災のような大惨事となると、多くの企業で製品が作れなくなり、否が応でも、特別対応して何とかすることとなる。通常なら材料変更や設計変更は、社内でも大変な評価時間がかかるし、ましてや顧客の認定などでも数カ月から年単位の時間がかかることもある。

　しかし、あのような重大事態が発生して、「背に腹は代えられぬ」状態になると、1/10程度の期間で変更が進むこともある。もちろんリスキーなことをしているのではあるが、組織はその気になればかなりのことができるものなのである。

　ただし人間の能力にも限りがあるので、このような緊急対応をしなければならない、部品・材料、仕入先が少ないに越したことはない。その観点から、BCPはいくら頑張っても完璧にすることはできないが、重要性が高い、気になる部品・材料、仕入先から順に、手を打てることからコツコツと打てる対策をしていくことが大切である。万が一のことが発生したときに、問題は発生するが、その問題の量と質に差ができて、対応できる可能性に大きな差となって現れるものである。

5.3　グローバル調達

5.3.1　グローバル調達とは何か？

　グローバル調達とは何だろうか？　自社の日本国内工場で使用する資材を日本に工場のある日本の企業から購入することは、完全に日本調達だといえるだろう。しかし海外に工場がある日系企業から調達することはグローバル調達だろうか？　日本国内に工場がある外資系企業から調達することはグローバル調達だろうか？　また自社の海外工場が日本に工場のある企業から購入することや、日系企業の海外工場から調達することはどうなのか？

　このようなことを考えると一言でグローバル調達といってもさまざまなものがある。これらを図5.5に整理してみた。実際にはこの図にさらに、商社を間に入れるかどうかという選択肢もある。

　グローバル調達の定義をどのようにするかは各社に任せるとして、調達の視点でのグローバル調達と品質管理の視点でのグローバル調達は少し異なる。調達の視点では、取引慣行、常識、契約などの面で、たとえ図5.5の①でも②でも、さらには⑤でも⑥でもあまり大きな差を考える必要がないことが多い。これは契約や商習慣という点で日系企業同士の常識が通用するからである。逆に③、④、⑦、⑧は契約や常識的なことが一致しないことも多いので注意が必要

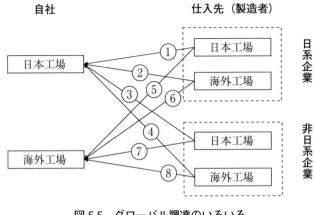

図5.5　グローバル調達のいろいろ

表 5.1 日本調達と海外調達の違い

物理的な違い	言語 自然環境、物流環境
文化的な違い	法律 常識、倫理観

なことも多い。

　一方、品質管理の視点からは、①、②、⑤、⑥は品質管理の考え方などは共通認識をもつことが容易であるが、②や⑤、⑥、⑦、⑧は物流上の課題が大きいことも多い。②、⑥は日系企業であっても、海外工場の品質管理のレベルが、国内工場の品質管理レベル相当に徹底できているかという視点での注意も必要である。さらには外資系企業となると、④、⑧はもちろんしっかり見ておく必要がある。場合によっては③、⑦についても注意する必要がある。

　日本調達と海外調達の違いを大きく分けると2つある（表5.1）。1つは物理的な違いでありもう1つは文化的な違いである。物理的な違いの中には、(1)言語が違うということと、(2)自然環境、物流環境の違いである。文化的な違いとして(3)法律などに代表される各種手続き、規制などの違い、そして(4)習慣の違い、常識や倫理観の違いである。調達品の品質管理においてもこれらの違いに応じた工夫が必要になってくる。

　基本的に外資系企業からの調達やそれにまつわる品質保証では、日本の常識が通用しないという前提に立つべきである。というより日本の方が非常識であるという認識をしておく必要がある。以下に各種の違いにおける注意点を個別に述べる。

5.3.2 言語の相違に関する注意点
(1) 英語のネイティブとの会議では、念入りに確認も

　海外調達ということに限らず、グローバルにビジネスを行うときの基本言語は英語である。しかし仕入先の人々も英語が母国語でないことが圧倒的に多い。互いに第一言語ではない場合、互いにまくしたてることや日常的言い回しを使うことがない。国際的な英語であり、しっかり考えて言葉を選びながらじっくりコ

ミュニケーションができる。たどたどしいが、互いに確認しあいながら進めないといけないという共通理解があるから、誤解を減らすことができる。

　一方、相手が英語を母国語とするような仕入先である場合には大変である。ネイティブの英語でまくしたてられたらとてもしっかり理解できるものではない。しっかりした議論が必要ということを理解している「頭のよい」相手であれば、こちらの英語力をわかって、加減をしながら話をするようにしてくれる。

　しかし、たまにそのようにしない人もいるので、そういうときは、勇気をもって、「もっとゆっくり話してくれ」「書いてくれ」「図を描いてくれ」「こういうことか」など、しつこくてもよいから食い下がって理解ができるようにしなければいけない。

　そして、一応理解できたと思う内容であっても、文書なり、図に描いて、それを相手に見てもらって、相手の理解と違っていないということを確認しながら議事を進める必要がある。

　また、できるだけ抽象的な口頭だけでの議論は避け、現物や現場を見ながら、具体的なモノを指さしながら議論ができるようにするのがよい。

(2)　通訳を通したコミュニケーションの注意点

　なお、通訳をつける場合にも注意するポイントがある。通訳のプロをつける場合は別であるが、多くの会社での通訳は、その国にいる現地の工場で働いている人で、日本語なり、英語がわかる人を使うことが多い。日本人が日本語なり英語で話をし、その社内通訳の人に、現地の言葉に通訳してもらうことになる。

　しかし通常、こうしたコミュニケーションでの通訳は、例えば品質監査の場合には、品質管理のことをある程度わかっている現地の品質管理担当者が受けもつことが多い。これが曲者である。

　プロの通訳と違い、自分も品質管理のことが理解できるし、会社のメンバーであり、自分なりの考えももっている。さらには自分の仕事としても、かかわりがあることも多い。そのため、完全な通訳に徹することができないことがある。ついつい、自分の意見を言ってしまったり、相手の発言をきちんと通訳せずに、現地のメンバー同士で議論してしまったりすることがある。こうなると肝心のこちらの意見が置き去りにされてしまう。

　このような状況をしっかりマネジメントすることも、グローバルでのビジネスを行ううえで重要な能力となってくる。

　議論の状況を把握して進めていくことが最重要なので、あまりにも現地語で議論が生じる場合には、止めてその議論の内容を自分たちにもわかるようにして次の議論に進むようにしなければいけない。これはファシリテートや議事進行の能力ではあるが、仕入先との打ち合わせや監査のときには大変重要である。

　特に重要な複雑な品質問題などが絡んでいるような場合は、1つひとつ粘り強く行わなければならない。

⑶　日本語なら相手にわかりやすいやさしい言い回しで

　なお、中国や韓国の仕入先の場合、英語でないことも多い。相手が日本語のできる人を前面に立ててきて、議論するような場合は、相手の日本語能力を過信せずに、英語や現地語の場合と同様、しっかりと重要点を書き出しながら、相互に確認しながら進めることが重要である。こちらの言っていることをわかっていると思い込んでつい普通に日本語を使って議論を進めていると、実はわかっていないということもよく起こる。

　英語のネイティブと一緒でこちらは、日本語のネイティブである。本当にわかりやすい表現、難しくない単語、言い回しで話ができているかを注意しながら進める必要がある。場合によってはある人が発言した日本語を、わかりやすい日本語にしてゆっくり言い直してあげるような対応も必要である。

5.3.3　環境の相違に関する注意点

　海外仕入先からの調達の場合は、ロジスティックス（供給に関わる一連のプロセス）に注意が必要である。例えば「中東から日本に船便で送る」「インドの内陸部から調達する」といった場合に、どのような海路、陸路であるのかをよく把握しておく必要がある。その間の温度・湿度、振動、粉塵などあらゆる環境の可能性をしっかり確認しておかないと、後々大きな問題を引き起こすことがある。

　船底に積まれた荷物は、1カ月以上の時間をかけて、一時赤道直下の高温多湿の環境を経て日本に運ばれてくる。そのようにして日本に来た荷物は、結露

してぐしょぐしょに濡れているというようなことも起こり得る。途中で錆を発生したり、カビが生えたりすることもある。

また、陸路であっても、インドの山奥で作られた部品は、ひどいがたがた道をトラックで何時間もかけて運ばれてくることもある。砂埃だらけの中を何時間も走ってくることもある。そのような状況をしっかり把握しておく必要がある。

また物流過程での荷物の積み下ろしというような取り扱いも要注意である。これは仕入先の責任ではなく、倉庫業者や物流業者の課題ではあるが、その物流状況を把握したうえでの、梱包方法を考えないと思わぬ問題となることがある。

まるでレースをしているようなすごいスピードで走り回り、スピンして荷物を積み下ろししているフォークリフトは、日本の空港ではまず見ることができないが、海外では結構見ることができる（抜き打ちで行った場合であるが）。

荷物の置き場も、「野ざらし」は普通である。潮風のあたる港に何日も留め置かれるということもときどき起こる。このような物流途上の環境ストレスがどのような状態かは把握しておく必要がある。

そのうえで、それに応じた梱包を工夫する必要がある。必要であればルートを変えたり、高くつくが、自社の信頼できる専門業者に委託したりするなどの工夫が必要である。

5.3.4　法律の相違に関する注意点

法律の問題は、品質管理とは離れるが、法律によって、通関が止まったりすることで品質問題を起こしかねないことがよく発生する。

海外のある特定の国から日本に輸入する場合は、日本の輸入に関する法律をしっかり理解しておれば大きな問題は生じないだろう。

しかし、海外の仕入先や日本の仕入先から、自社の海外の工場へ輸入するときは、その輸入する国の法律がどのようになっているかをしっかり把握する必要がある。

特に化学物質については、各国の規制物質が違っていることも多い。また、税関を通過するために必要となる書類、証明書類も国によって違っている。さらに、通常の化学物質だけでなく、麻薬取締法などの別の法律によって、輸出入の制限があったりするので要注意である。

　アジアの多くの国々では、環境規制は欧米の最高水準の基準に合わせて設定しているところが多いので、日本の規制よりも厳しいことが多い。そのため、日本では問題のない物質も輸入が認められないことがある。法律で決まっている事項の解釈が、税関や規制当局の個人によってまちまちで、輸入が止まることもある。港によって、輸入しやすい、しにくいなどといったばらつきも大きい。

　このような課題を乗り越えていくのは、品質保証担当者ではないが、そのような課題があるということを理解したうえで、そうならないように、またそうなった場合に速やかな対応を取れるようにしておくことも、品質保証の一環として考えておく必要がある。

5.3.5　倫理観・習慣・考え方に関する注意点

　あまりステレオタイプ的に考えるのはよいことではないが、海外との取引きにおいては、日本の常識を疑ってかかることが重要である。

　例えば、日本の企業の多くは、「ビジネスは長期的に継続的に行うべきもの」と考え、短期の需給変動で値段を変えたりしないことが多い。より高く買ってくれる顧客があるからといって「これまで取引きしていた顧客に急に売らなくなる」などということはないと思ってしまう。

　しかし国によっては、需要が増えて供給が追い付かなくなると、値上げするのが当然という感覚があるし、供給過多となるといきなり大幅な値下げということも出てくる。

　また日本では契約を結ぶと、「その契約は守らねばならない」と強く思う。そのため契約締結には慎重で、しっかり内容を確認して、守るのが難しいと思うようなところは、極力そのような項目を外してほしいと仕入先が言ってくる。

　しかし国によっては、どんな契約でも簡単に OK してくるところもある。そのようなところに限って、実際に問題が発生したときには、契約書を無視して、契約書は契約書、今回の問題は今回の問題として別に話をしましょうという議論になる。「何のための契約書か？」ということになることもある。

　このような中で、品質管理で特に注意すべきことは、例えば次のようなケースである。

海外の取引先と付き合うときに注意すべき点

● 認定のためのサンプルは特別なチャンピオン品を提出しているようなことはないか？（例えば、量産では行わないような特別な検査をしているか、工程中で特別に選別して特によいものだけを選び出して製造したりしていないかなどである）

● 認定してもらう工場と実際に量産する工場が違っていないか？

● 無断で変更を行うようなことはないか？

　以上のようなことは、ダメだと知っていて行うような悪質なケースももちろんあるが、互いの認識違いのために発生してしまうことが結構ある。「評価をするからサンプルをくれ」と要求したら、仕入先はしっかりものづくりをして、さらに十分すぎるほどの検査をして本当に自信をもって評価してもらえるサンプルを提出するのは当然であると信じて特別なものを提出している。このようなチャンピオンサンプルを評価して「よい」と判断して、量産を始めると、どんどんひどいものが入ってくるということはよく起こることである。

　また、「認定評価のためのサンプルは、少量なので、本社の試作ラインで作るけれど、量産となると別の工場で作る」のが、当たり前だと思っていることも多い。

　「認定評価のサンプルは量産する工場の量産する工程で同じようにして作ったものでなければならない」などという前提条件は、日本だけでしか通じないと理解し、事前にしっかりとその前提条件を口頭および文書で伝えなければならない。

5.3.6　その他の注意点

　以上述べてきたグローバル調達は、すでに自社工場や仕入先工場が国内、海外にあるときに、その仕入先工場から自社の製造工場が調達するときの話であった。

　ここでは、「新たに自社海外工場を設立する」「既存商品を既存の海外工場に移管する」といった場合や、「既存の仕入先が新たに海外工場を設立する。または移管する」などの場合の注意点を述べておきたい。

　仕入先が「新工場を海外に作りそこから供給する」「既存の海外工場に商品移管する」というような場合は、変更管理の一環であり、それに従った形での確認、評価が必要である。

　万一、評価結果がよくない場合には、現状に戻すという担保がある中での実施となるからある程度安心である。

(1)　海外工場を設立する場合

　自社が新たに海外工場を設立する場合は、当然事前にいろいろ検討が行われるが、検討項目に抜けが生じることがあるので注意が必要である。

　海外工場設置のための検討では、品質管理や調達にかかわる環境だけではなく、さまざまな調査が行われて意思決定される。しかし、あまりにもさまざまな課題、心配事項があるために、調達の視点、品質管理の視点などが抜けることがある。

　海外新工場設立企画の初期段階から、調達の関係者、品質管理の関係者なども入ってともに活動しているのなら、そのような心配は少ない。ただ多くの企業では、新工場建設のための国の選定、地域の選定、どんな商品を生産するか、などの決定事項は極秘であり、経営トップ層と一部の事業部トップ、企画部門だけで進められることが多い。そのため、ときどき重要な視点が抜け落ちることがある。

　例えば、「顧客の近くで生産することで物流のリードタイムを短くする」というような大方針で、新工場を顧客のある国、地域で建設するという意思決定をした場合を考えてみよう。

　確かに注文があってから完成品を顧客に送っていたのでは、輸送のリードタイムは長い。それを短い生産期間でできるので工場ごと顧客の近くに移管して生産して出荷するとリードタイムは短くなる。

　しかし、一方でこれまで完成品で顧客のところまで運べばよかったのに、今度は多くの部品をその地域まで運ぶ必要性が出てくる。「このときの物流を確保できるか」「コストはどうなるか」などの検討がきちんとできていないようなことが生じるのである。

　別の例では、「労務費の安い国で生産することでコスト競争力を高める」と

いう大方針で賃金の安い国に新工場を作るというケースがある。確かに生産のための労務費は下がるだろう。しかしその生産に必要な部品・材料が、その国の周辺では調達できず、結局元々取引きしていた仕入先の工場から調達することになれば、物流コストが上がり、リードタイムが長くなるということが起こる。労務費は安くなったが資材調達費が高くなり結局コストアップになったなどという、笑うに笑えない悲劇にもなるのである。

(2)　法律の違いによる誤算

　以上の例はリードタイムやコスト面での話であるが、品質面でも問題が生じることがある。それは国によって規制物質の法律が異なることである。

　5.3.4 項「法律の相違に関する注意点」で述べたように、日本では認められる化学物質でも、国によっては禁止されている場合がある。そんなことも知らずに、そのような物質を使用する製品を、その国で作ろうと進めると、いざ材料を輸入しようとしたときに税関で止まり、生産できない。あわてて、その国で認められている代替物質を見つけて評価するという大きなリスクを伴う変更をしなければいけないようなこともあるので注意が必要である。

■■■■■■■■■ コラム ■■■■■■■■■
仕事のポイント 5 　「一人称」

　期日になって幾多の群衆が彼の周囲を取巻いたとき、モハメッドは約束どおり大きな声を出して、向うの山にこっちへ来いと命令しました。ところが山は少しも動き出しません。モハメッドは澄ましたもので、また同じ号令をかけました。それでも山は依然としてじっとしていました。モハメッドはとうとう三度号令を繰返さなければならなくなりました。しかし三度云っても、動く気色の見えない山を眺めたとき、彼は群衆に向って云いました。――「約束通り自分は山を呼び寄せた。しかし山の方では来たくないようである。山が来てくれない以上は、自分が行くよりほかに仕方があるまい」。彼はそう云って、すたすた山の方へ歩いて行ったそうです。

　この話を読んだ当時の私はまだ若うございました。私はいい滑稽の材料

を得たつもりで、それを方々へ持って廻りました。するとそのうちに一人の先輩がありました。みんなが笑うのに、その先輩だけは「ああ結構な話だ。宗教の本義はそこにある。それで尽している」と云いました。

【中略】

「君は山を呼び寄せる男だ。呼び寄せて来ないと怒る男だ。地団太を踏んで口惜しがる男だ。そうして山を悪く批判する事だけを考える男だ。なぜ山の方へ歩いて行かない」

「もし向うがこっちへ来るべき義務があったらどうだ」と兄さんが云います。

「向うに義務があろうとあるまいと、こっちに必要があればこっちで行くだけのことだ」と私が答えます。

「義務のないところに必要のあるはずがない」と兄さんが主張します。

「じゃ幸福のために行くさ。必要のために行きたくないなら」と私がまた答えます。

これは夏目漱石の『行人』の中の一部です。主人公の私と、兄さんと呼ぶ友人が山を登りながらの会話のシーンです。私は大学生の頃、夏目漱石を盛んに読みました。漱石が晩年、一種の宗教的なものにひかれ、自らその奥深くへ入っていく、そして最終的には「則天去私」という言葉で表される心境を吐露しています。そんな漱石自身の心境が小説となって表出されているような場面です。

これは宗教的なテーマを扱っていますが、これを特に宗教的な面を取り去って、一般に私たちが生きて行くにあたっての各種課題への対応姿勢ということに置き換えてみても、大変大切なことを言っていると感じています。

主人公の私は、兄さんに対して「君は山を呼び寄せる男だ。呼び寄せて来ないと怒る男だ。地団太を踏んで口惜しがる男だ。そうして山を悪く批判する事だけを考える男だ。なぜ山の方へ歩いて行かない」と厳しく問い詰めています。

この世の中にはおかしなことがいっぱいあります。近所でも、会社でも。こうすべきだ、このようにあるべきだ、と思うことがごろごろ転がっています。そして毎日のように私たちは腹を立てたり落胆したりしています。なぜ警察は

もっとこのように動かないのか？　なぜ政治家はもっとちゃんと仕事をしないのか？　なぜあの人はちゃんとやるべきことをしないのだ……みたいな不平不満を毎日抱えていることが多いのが私たち普通の人たちの生活です。

でもよく考えてみると、私たちはその不平不満を言っていること自体がうれしいだけ、不平不満をいうのが好きなだけではなのではないでしょうか？

もし本当にそれが困ることであり、その状況を変えたいと思っているのなら、自ら動いて変える努力をすればよいのです。いや「せざるを得なくなる」はずです。誰かが変えるのではないのです。自分が本当にそれを求めているなら、自からがそれを求めていけばいいのです。誰かがやってくれるのを待っているなんてことはできないはずです。待っていられる程度の望みは、本当の望みではないのです。

「山はいくら呼んでもこちらへは来てくれませんでした。でも私は山にこちらへ来てほしのです。本当にそのように望んでいるのです。でも山は来てくれません。それじゃ自分が山の方へ行くしかないじゃないですか」この視点の転換です、自分の決意です。

私たちは問題を見つけても、それを解決するのは、Aさんであったり、Bさんであったりして、「解決するのは自分だ」と思わないことが多いのではないでしょうか？　常に「問題の原因は第三者にある」「第二者にある」ということで、意識は何時も三人称、二人称です。

しかし問題はそれでは解決しません。一人称、自分が行動すべき課題と捉えることで始めて物事は動き始めます。

もちろん、「このような仕事は警察がやるべきことだ」「この仕事はあの部門がやらないといけないことだ」というのは正しいことがほとんどです。そのため、そのような組織や体制が作られているのですから。本来のやるべき部門がやるべき仕事をやるのが、あるべき姿なのです。しかし実際そのようになっていないことが多いのも事実です。

息抜きに、井戸端会議として、飲み屋で、不平不満を言っているだけならそれでまったく問題ないでしょう。でも本当に自分の身の周りで起こっていて、本当に自分が困っているなら、人ごとのようなことは言っていられません。自分が何とかしないとどうにもならないのです。

　他人を変えるのは大変難しいです。自分を変えるのも大変難しいです。しかし自分を変えるのは自分の努力でできます。他人を変えるのは自分の努力ではほとんど不可能です。つまり、状況を変えるためには、人を変えることに一所懸命になるより、自分が変わるほうが、実現性が高いのです。

　仕事において、「こんな問題がある」だから「誰誰さんはこのようにすべきだ。どこどこの部門はこのような動きをすべきだ」というのはかまいません。でもそれで相手が動かないなら、自分が動くしかないのです。自らがやるべき人の代わりになって自分自身でするということもあるでしょう。また動くべき人が動けるようにその人を助けてあげるということもあるでしょう。または動くべき人が動かざるを得ないような気持ちを抱かせるように自分がもっていくのも手です。

　常に一人称で考え行動することが、本当に変化を起こせるのです。

あとがき

　電子部品を製造販売している㈱村田製作所で品質管理に20年以上、購買の仕事に約10年携わった。この中で本当に多くのことを経験し学ばせていただいた。楽しかったこと、つらかったこといろいろあるが、総じてエキサイティングであり、今思うと充実した仕事人生であったと思う。

　品質管理業務に従事していたときには、お客様から学ばせていただくこと、仕入先様から学ばせていただくことがたくさんあった。個別の会社名や個人名をあげて感謝したいのはやまやまであるが、差支えがあるのでやめておく。しかしここで謝意を表したい。

　また業界や学会での集まりで知り合えた多くの人からも多くのことを学ばせていただいた。特にJEITA関西での信頼性技術委員会、京都工業会での品質保証懇話会、日本品質管理学会、大阪電気通信大学の猪原正守先生を座長として活動したAQMaT（Advanced Quality Methods and Techniques）研究会などでの先生の視点、そこで知り合えた多くの方々から得た示唆は感謝しきれるものではない。

　購買の責任者となった後にも、やはり多くのことを社外の方々から学ばせていただいた。特にBCP、CSRに関連しては、お客様から学ばせていただくことが多かった。また多くの仕入先様との付き合いの中で、ビジネスも一番大切なのは、人間同士の信頼関係であることを強く感じた。

　もちろん、村田製作所グループ内での多くの人々との議論を通じて、また日々の業務を通じての創意工夫もあり、そこで得たヒントも私自身の大きな成長につながった。特に仕事のポイントについては、多くの諸先輩、同僚、後輩との触れ合いの中で学ばせていただいた。

　部長になってからはそれを部員の人材育成の1つとしてイントラネットで配信したり、集合研修で議論したりさせていただいた。部門間にまたがり、上下

あとがき

関係もかかわりなく自由に議論でき、よいことはどんどんやればよいという社風が、学びを加速させてくれたと感謝している。

　日本科学技術連盟（日科技連）主催のベーシックコース大阪会場で「購買・外注の品質管理」の講師を 10 年以上にわたって務めたことが、本書を書くきっかけとなった。私に講師を依頼された日科技連の方々に、感謝を申し上げる。その講義内容を本書にまで完成させていただくためのご支援をいただいた日科技連大阪事務所の山田ひとみ氏、日科技連出版社社長の戸羽節文氏、出版部長の鈴木兄宏氏、そして丁寧に校正していただいた木村修氏に感謝申し上げたい。また内容確認のうえ多くの助言をいただいた村田製作所の調達統括部および品質保証部の方々にも深くお礼申し上げたい。

　そして常に気まぐれで、くじけそうになる私を支え、時折ありがたい示唆をくれ、本書の執筆を応援し続けてくれた妻、美智子に感謝したい。

2020 年 8 月

鱸谷 佳和

索　引

著者略歴

鯰谷佳和（なますや　よしかず）
1956年 8 月　　大阪府泉佐野市に生まれる
1979年 4 月　　大阪大学工学部応用物理学科卒業
　　　　　　　同年株式会社村田製作所入社、品質管理部配属
1981年11月　　第1回海外研修生としてアメリカ・カナダで研修
1983年11月　　株式会社村田製作所品質管理部へ戻る
1986年10月　　株式会社小松村田製作所　品質管理部へ出向
1991年 7 月　　同　製造部　製造技術課課長
1995年10月　　株式会社村田製作所品質管理部試験・計測課課長
2002年 4 月　　同　品質管理部部長
2008年 3 月　　同　生産本部　資材部部長
2014年 7 月　　同　生産本部SCM統括部統括部長兼資材部部長　執行役員
2015年 7 月　　同　生産本部SCM統括部統括部長兼
　　　　　　　企画本部情報システム統括部統括部長
2017年11月　　日本品質管理学会より品質管理推進功労賞受賞
2018年 7 月　　株式会社村田製作所常勤顧問　兼
　　　　　　　株式会社ムラタ栄興代表取締役社長
2020年 6 月　　株式会社村田製作所退任
2020年 7 月　　ニチコン株式会社入社、品質保証本部本部長付

調達品の品質確保

ありたい姿と現実のギャップを埋めるために

2020 年 9 月 26 日　第 1 刷発行

著　者　鱠　谷　佳　和
発行人　戸　羽　節　文

検　印
省　略

発行所　株式会社 日科技連出版社
〒151−0051　東京都渋谷区千駄ヶ谷5−15−5
DSビル
電話　出版　03−5379−1244
営業　03−5379−1238

Printed in Japan

印刷・製本　㈱金精社